AF544348

Rupert Berndl

# Grenz- und Weihrazgschichten

aus dem Dreiländereck im Bayerischen Wald

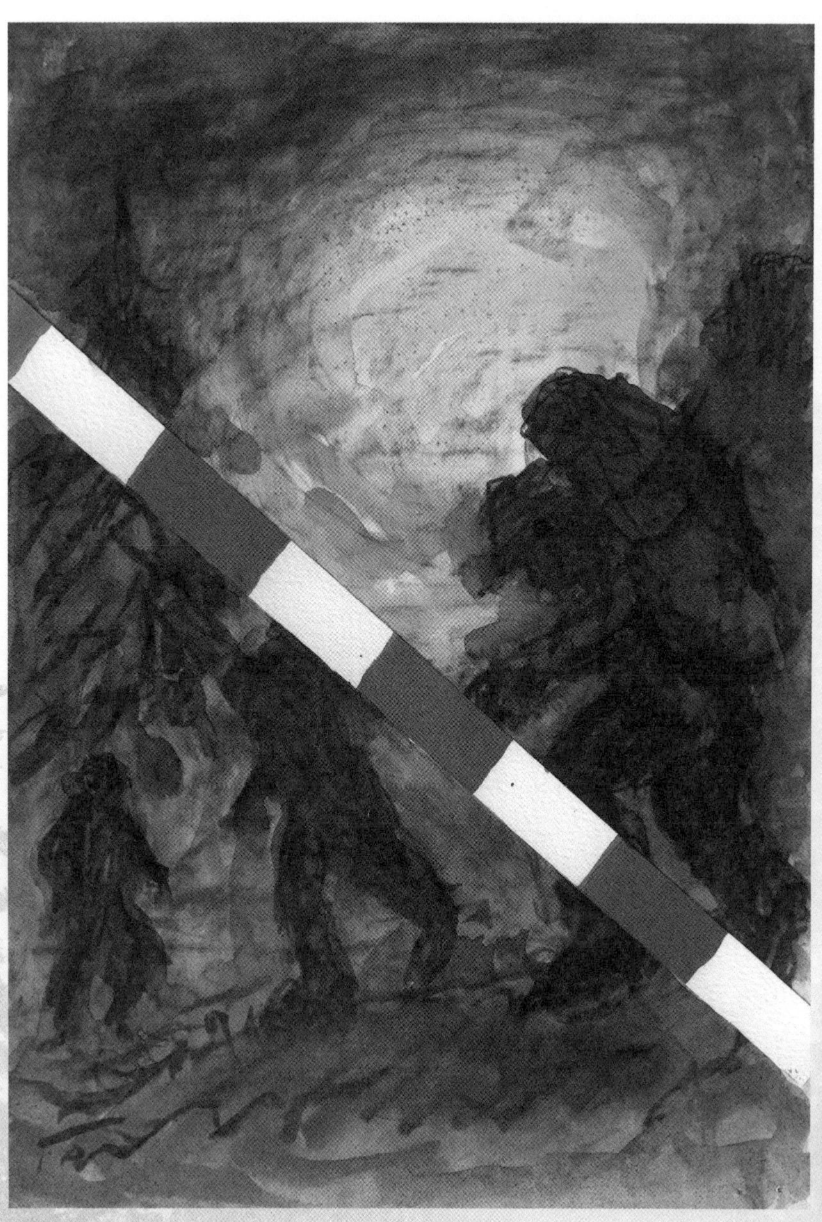

*Nächtlicher Schmuggelzug – vorbei an der Zollschranke*

RUPERT BERNDL

# GRENZ- UND WEIHRAZGSCHICHTEN

aus dem Dreiländereck im Bayerischen Wald

SüdOst Verlag

Bibliografische Information der Deutschen Nationalbibliothek

Die Deutsche Nationalbibliothek verzeichnet diese Publikation in der Deutschen Nationalbibliografie; detaillierte bibliografische Daten sind im Internet über http://dnb.dnb.de abrufbar.
ISBN 978-3-95587-829-0

Für uns, die Battenberg Gietl Verlag GmbH mit all ihren Imprint-Verlagen, ist Nachhaltigkeit ein wichtiger Teil unserer Unternehmensphilosophie. Daher achten wir bei allen unseren Produkten auf den Einsatz umweltschonender Ressourcen und Materialien.
Dieses Buch wurde auf FSC®-zertifiziertem Papier gedruckt. FSC (Forest Stewardship Council®) ist eine nicht staatliche, gemeinnützige Organisation, die sich für die verantwortungsvolle und ökologische Nutzung der Wälder unserer Erde einsetzt.

Unsere Partnerdruckerei kann zudem für den gesamten Herstellungsprozess nachfolgende Zertifikate vorweisen:
- Zertifizierung für FOGRA PSO
- Zertifizierungssystem FSC®
- Leitlinien zur klimaneutralen Produktion (Carbon Footprint)
- Zertifizierung EcoVadis (die Methodik besteht aus 21 Kriterien in den Bereichen Umwelt, Einhaltung menschlicher Rechte und Ethik)
- Zertifikat zum Energieverbrauch aus 100 % erneuerbaren Quellen
- Teilnahme am Projekt „Grünes Unternehmen" zum Schutz von Naturressourcen und der menschlichen Gesundheit

Titelabbildung Wald: Adobe Stock, Reinhard
Hintergrundbild Innenteil: freepik, Roksana Bashyrova

1. Auflage 2024
ISBN 978-3-95587-829-0
Alle Rechte vorbehalten!
© 2024 SüdOst Verlag in der
Battenberg Gietl Verlag GmbH, Regenstauf
www.battenberg-gietl.de

# Inhalt

# Einleitung

*Der Begriff „Grenze" – Versuch einer Definition*

Der Begriff „Grenze" wird im täglichen Sprachgebrauch erstaunlich häufig verwendet. Gemeint ist dabei stets eine real festgelegte oder erdachte, lediglich in der Phantasie existente Trennlinie zwischen zwei oder mehreren Bereichen. Oftmals sind damit ganz unterschiedliche Sachverhalte gemeint. Wir sprechen von Landes- und Grundstücksgrenzen. Politiker reden gerne von „den Grenzen des Machbaren", wenn sie beispielsweise erkennen müssen, dass die finanziellen Mittel nicht genügen, um die gesetzten Ziele zu erreichen. Lärmgeplagte Anlieger sehen „die Grenzen des Erträglichen und Zumutbaren überschritten", wenn der Straßenlärm oder die allzu laute Musik des Nachbarn schier unerträglich wird. In der Mode oder beim Verhalten mancher Zeitgenossen werden nach Ansicht verschiedener Leute gelegentlich „die Grenzen des guten Geschmacks" überschritten. „Schließlich hat alles seine Grenzen" wird gerne als Ausdruck für Ablehnung oder des Zurechtrückens von Sachverhalten verwendet.

Fällt das Wort „Grenze", so denkt man zunächst an eine in der Natur üblicherweise nicht sichtbare Trennlinie zwischen zwei Ländern, zwischen staatlichen Territorien. Derlei geometrisch definierte Grenzlinien sind nahezu ausnahmslos ein Konstrukt des Menschen, deren Wurzeln in aller Regel weit zurückreichen. Ursprünglich wurden geografische Räume auf ganz natürliche Weise von schwer überwindbaren Hindernissen, wie Gebirgszügen, Bergrücken, Urwäldern, Flüssen oder anderen Gewässern, begrenzt. Im Laufe der Geschichte wurden diese vagen Grenzlinien schrittweise eindeutig fixiert und nach manchmal recht zähen Verhandlungen meist einvernehmlich festgeschrieben. Damit sollte eine sinnvolle Basis für ein konfliktfreies Nebeneinander geregelt werden.

Um die Entstehung des Begriffs „Grenze“ zu ergründen, muss man in der Geschichte ziemlich weit zurückblicken. Gegen Ende der letzten Eiszeit, also vor etwa 10 000 Jahren, bis weit hinein in die Steinzeit, lebten unsere Vorfahren nahezu ausschließlich von der Jagd. Jagdbares Wild war nicht nur die fast einzige Nahrungsquelle. Die erlegten Tiere lieferten vor allem Fleisch und Fett, aus den Fellen und Häuten ließ sich Kleidung herstellen. Zusammengenäht mit Nadeln, die man aus Knochen fertigte. Mit den Sehnen bespannten die frühen Jäger ihre Bögen. Zurecht geschliffenes Horn lieferte die Pfeil- und Speerspitzen. Das gesamte Leben, die Existenz der Sippe, war bis dahin abhängig vom erfolgreichen Jagen. Man musste den Herden nachziehen, ihre jährlichen Wanderungen zu den Weideplätzen mitmachen. Da die Bevölkerungszahlen im Vergleich zu heute verschwindend gering waren und es noch keine festen Siedlungsplätze gab, existierten auch keine Besitzansprüche auf Grund und Boden. Grenzen machten folglich zur Zeit des Nomadentums keinen Sinn. Es gab sie einfach nicht.

Das änderte sich jedoch gegen Ende der Steinzeit grundlegend. Sicherlich ausgelöst durch tiefgreifende klimatische Veränderungen wurden die Menschen allmählich sesshaft. Nachdem es merklich wärmer geworden war, lebten sie bald schon überwiegend von Ackerbau und Viehzucht. Und damit wurde es notwendig, bestimmte Bereiche, die Felder und die Weideflächen für die Haustiere, mit Zäunen zu umgeben, um sie vor dem Futter suchenden Wild, vor Raubtieren, aber auch vor Dieben zu schützen. Bewirtschaftete Bereiche galt es nicht nur zu bewachen, sondern auch deutlich sichtbar abzumarken, um die Gebietsansprüche zwischen den benachbarten Sippen und Stämmen festzulegen. Dies war wohl die Geburtsstunde der „Grenze“.

In der Folge ging dieser Begriff in das Vokabular der meisten Völker ein, verfestigte sich immer mehr und wurde schließlich zu einer festen Größe im Rechtswesen. Durch Abmarkung und das Setzen von Grenzsteinen wird bis heute der persönliche Grundbesitz, werden die Eigentumsverhältnisse von Amts wegen eindeutig geregelt und im Staatlichen Liegenschaftskataster festgeschrieben.

Waren die Grenzen der Länder, der Kaiser- und Königreiche ursprünglich noch recht ungenau, so war man ab dem frühen Mittelalter bestrebt, die Grenzen der politisch geografischen Herrschaftsbereiche möglichst zweifelsfrei festzulegen. Dabei deckten sich diese erdachten Trennlinien zumeist mit den über Jahrhunderte gewachsenen geschichtlichen, kulturellen oder ethnischen Gegebenheiten. Auch die Sprachgrenzen spielten dabei eine entscheidende Rolle.

Logischerweise musste die Festlegung des Grenzverlaufs stets in Abstimmung mit dem jeweiligen Nachbarn erfolgen. Nicht immer ging es dabei friedlich zu. Vor allem in den Bereichen, die wirtschaftliche Vorteile versprachen, wo Bodenschätze schlummerten und sich reiche Gewinne erwarten ließen oder die strategisch und verkehrstechnisch interessant waren, wurden wechselseitig Besitzansprüche geltend gemacht. Hier kam es bei der Festlegung des Grenzverlaufs immer wieder zu Konflikten und Reibereien, die nicht selten zu Übergriffen bis hin zu kriegerischen Auseinandersetzungen führten. Dies hat sich, wie uns das politische Tagesgeschehen derzeit leidvoll vor Augen führt, bis zum heutigen Tag nicht geändert.

Bis in die Gegenwart herein liegt die Triebfeder für Kriege nach wie vor fast ausschließlich darin, dass Staaten, Herrscher, Potentaten bestrebt sind, ihrem Land Nachbargebiete einzuverleiben, um die eigene Einflusssphäre zu erweitern, um einen Zugewinn an Macht zu erreichen und dadurch einen wirtschaftlichen Vorteil zu kreieren. Der Sieger diktiert dann ein so genanntes Friedensabkommen und legt nach seinem Willen die nun neuen, ab jetzt gültigen Grenzen fest. Dies führt verständlicherweise in aller Regel zu neuen Spannungen. Die Geschichte lehrt, dass solche willkürlichen Grenzverschiebungen nicht selten in eine unsägliche, manchmal über Jahrhunderte schwelende Spirale von Hass und Gewalt münden.

## Die Schmugglerei

Untrennbar verbunden mit Landesgrenzen ist und war zu allen Zeiten der illegale Handel mit den verschiedensten Waren: das Schmuggeln. Dabei spielt die von Land zu Land unterschiedlich hohe Steuerlast, mit der die verschiedenen Waren belegt sind, die allein entscheidende Rolle. War die Spanne so groß, dass ein illegaler, aber durchaus auch mühsamer und gefährlicher Transport ins Nachbarland einen beachtlichen Gewinn versprach, dann machten sich die Schmuggler auf den Weg. Überwiegend waren es kräftige junge Männer mit guten Ortskenntnissen, die auf versteckten Schleichwegen in Kisten, Säcken und hölzernen Kraxen die meist schweren Lasten auf dem Rücken zu den Abnehmern und Hehlern im Nachbarland transportierten.

Eine Sonderstellung im Schmuggel-Unwesen nimmt, wegen seiner geografischen Lage, das Dreiländereck am Dreisesselberg im Bayerischen Wald ein. Hier grenzen Deutschland (Bayern), Österreich und Tschechien (Böhmen) aneinander. Dieses „Dreiecksverhältnis" war für die Schmuggler, Schwirzer, Schwärzer oder Pascher, wie man sie nannte, besonders interessant. So kam es, dass zu verschiedenen Zeiten die dichten Wälder im Dreiländereck von zahlreichen Schmugglerpfaden kreuz und quer durchzogen waren. Die „guten" Schmuggler kannten sie alle. Irgendetwas war in einem der drei Länder immer bedeutend günstiger zu bekommen oder mit hoher Rendite zu verkaufen.

Schmuggeln war zu allen Zeiten ein illegales, verbotenes, zeitweise mit hoher Strafe belegtes Delikt, das die Grenzbehörden zu unterbinden versuchten. Allerdings mit wechselndem Erfolg. Vor allem, weil die Pascher in aller Regel über ausgezeichnete Ortskenntnisse verfügten, während die meisten Grenzbeamten und Gendarmen, vor allem diejenigen, die hierher versetzt wurden, die Örtlichkeiten kaum kannten und sich deshalb fast ausschließlich auf den festgelegten Patrouillenpfaden bewegten.

Waren es in früheren Zeiten überwiegend Lebens- und Genusss-Mittel, die geschmuggelt wurden, so blüht heute vor allem der Drogen-, Waffen- und leider auch ein skrupelloser Menschenhandel. Das Schmuggler-

*Ein alter Schmugglersteig an der Grenze zum heutigen Tschechien*

milieu hat sich entscheidend gewandelt und weist derzeit mitunter maffiaähnliche Strukturen auf. Die Ursache dafür sehen manche Politiker, aber auch Polizei- und Grenzdienste, unter anderem auch in den offenen Grenzen. Wenn man so will, Fluch und Segen zugleich.

### *Zwischenwelten, Spuk und Weihraz*

Wir sprechen im übertragenen Sinn aber auch davon, „dass der Phantasie keine Grenzen gesetzt sind". Betroffene berichten gelegentlich von „Grenzerfahrungen" und meinen damit Erlebnisse und Erscheinungen zwischen Leben und Tod, die ein gesunder Menschenverstand nicht mehr zu begreifen vermag. Ebenso lassen sich manche mysteriöse Begebenheiten, unheimliche Begegnungen und eigenartige Geschehnisse mit herkömmlichen Methoden nicht erklären. Noch dazu, wenn sie glaubhaft vorgetragen und durch Zeugen belegt werden. Sind hier die „Grenzen der Wissenschaft" erreicht? Gibt es doch etwas zwischen Himmel und Erde, was zu begreifen unser menschliches Gehirn nicht in der Lage ist und wofür letztlich auch die Wissenschaftler keine Erklärung haben? Gibt es vielleicht doch eine fließende Grenze zwischen der real existierenden und einer eventuellen Zwischenwelt?

Soweit man in der Geschichte der Menschheit zurückblicken kann, haben sich unsere Vorfahren durch alle Epochen hindurch, auf unterschiedliche Weise, mit dieser Problematik beschäftigt. Die so genannten „Schrazlgänge", die es im Bayerischen Wald in großer Zahl gibt, sind ein sichtbares Zeichen dafür. Diese unterirdischen Gangsysteme wurden etwa zwischen 700 und 900 n. Chr. angelegt. Neueste Forschungsergebnisse scheinen die Vermutung zu erhärten, dass diese „Erdställe", wie sie wissenschaftlich bezeichnet werden, als eine Art „Aufenthaltsräume" für die Seelen von Verstorbenen gedacht waren, bis diese, geläutert, in ein besseres Jenseits eintreten durften.

Die Frage nach der Grenze zwischen der sichtbaren, erlebbaren und einer eventuellen, nicht greifbaren Welt trieb auch immer schon Künstler, Schriftsteller, Dichter, Philosophen und viele andere kluge Köpfe um.

*Geister und Gespenster treiben in den Raunächten ihr Unwesen.*

Das zeigt sich beispielsweise bei Shakespeare, wenn er seinen Hamlet sagen lässt: „Es gibt Dinge zwischen Himmel und Erde, von denen sich Eure Schulweisheit nichts träumen lässt.“ Selbst Albert Einstein, der als Wissenschaftler wohl eher der realen Welt zugewandt war, meinte: „Das Schönste, was man erleben könne, ist das Geheimnisvolle.“

Dieses Buch ist zweigeteilt. Der Verfasser erzählt zum einen in einer Vielzahl von Geschichten von verschiedenen Begebenheiten, gespenstischen Geschehnissen und unerklärlichen Ereignissen. Als Kreisheimatpfleger hat er über Jahrzehnte Berichte und Erzählungen von gespenstischen Geschehnissen in dem von ihm betreuten Landstrich gesammelt. Aber auch von eigenen mysteriösen Erlebnissen berichtet er. Den anderen Schwerpunkt bildet eine Auswahl von Grenz- und Schmuggelgeschichten, die sich in den vergangenen etwa 150 Jahren rund um das Dreiländereck am Dreisesselberg und im Raum Passau zugetragen haben. Erzählungen von kuriosen, heiteren, aber auch tragischen Schmuggelzügen.

# Grenzgschichtn

## Schmuggler, Schwirzer, Pascher

Wie in anderen grenznahen Landesteilen auch handeln viele althergebrachte Geschichten und Erzählungen im Dreiländereck, dort wo Bayern, Österreich und Böhmen aneinander stoßen, vom Schmuggeln. Das Leben hier, in den rauen Hochlagen des Bayerischen und des Böhmer-Waldes war schwer. Der Boden gab wenig her, die Winter waren lang und hart, und Arbeit gab es nur in der Landwirtschaft, beim Forst oder in den wenigen Sägewerken. Nicht zuletzt deshalb bestritten hier eigentlich immer schon, zumindest zeitweise, verhältnismäßig große Teile der Bevölkerung entlang des Grenzkamms einen nicht unerheblichen Teil ihres Lebensunterhalts mit dem Profit aus der Pascherei.

Seit der frühen Neuzeit war das Schwirzen (vom Schwärzen der Gesichter zur Tarnung) ein einträglicher Nebenerwerb für die Grenzbewohner. Aber ein gefährliches Geschäft war es allemal, wenn Holzhauer und Bauernknechte Salz, edle Stoffe, Gewürze, Tabak, Kaffee und Zucker, Alkohol und Saccharin, Schuhe und ganze Viehherden illegal über die bayerisch-böhmische und bayerisch-österreichische Grenze schafften. Hinüber und herüber ging der Handel, heimlich, nachts, auf Schleichwegen, weit vorbei an den Maut- und Zollstellen.

Aus meist fiskalischen Gründen konnten die Preise von gleichen Waren von Land zu Land unterschiedlich hoch sein. Deshalb wurden oftmals manche Produkte mit streng überwachten Einfuhr- beziehungsweise Ausfuhrverboten belegt. Der illegale Gewinn aus den Schmuggelaktionen hing stets von der Höhe der Steuern und Abgaben ab, die umgangen wurden. Das Schwärzen war und ist im Grunde also eine Art Steuerhinterziehung und damit eine strafbare Handlung.

*Abgelegene Einödhöfe entlang der Grenze (um 1900)*

Aber trotz einer drohenden Bestrafung und den vielerlei Gefahren, die mit einem Schmuggelgang verbunden waren, machten sich immer wieder Schmuggler, sei es aus purer Not, aus Abenteuerlust oder reinem Gewinnstreben, auf den Weg, um Waren illegal über die Grenze zu transportieren. Wenn dabei der Preisunterschied von einem Land zum anderen relativ groß und damit der zu erwartende Gewinn verlockend hoch war, dann nahm so mancher ortskundige Bursche oder ansonsten unbescholtene Familienvater schon mal das Risiko, erwischt zu werden, auf sich. Meistens schlossen sich dabei die Männer in Gruppen zusammen und schlichen nachts, mit rußgeschwärzten Gesichtern in dunkler Kleidung, auf den alten, schmalen, gut versteckten Schmugglerpfaden durch die Grenzwälder ins Nachbarland. Dort wurden sie in der Regel bereits von den Aufkäufern erwartet. Die Pascherei war gut organisiert.

Geschwirzt wurde immer schon in den grenznahen Gebieten. Die Gegenstände jedoch, das, was geschmuggelt wurde, die Waren also, die

Gewinn versprachen und den gefährlichen Einsatz rechtfertigten, die wechselten von Zeit zu Zeit. Mal waren es Tiere, meist Rinder und Pferde, die auf Schleichwegen über die Grenze getrieben wurden, dann wieder ließ sich beim Paschen von Tabak oder Alkohol viel Geld dazuverdienen. Mit ihrem ausgeklügelten Vorgehen und immer wieder neuen raffinierten Tricks gelang es den Schmugglern häufig, die Gendarmen und Grenzbeamten zu überlisten. Da umwickelte man zur Vermeidung von Geräuschen die Hufe der Pferde mit Stoff, da wurden den Kälbern die Mäuler zugebunden, damit sie mit ihrem Muhen die Pascher nicht verrieten, da wurden junge Ferkel mit Schnaps betäubt und auf den Leiterwägen, unter Heu versteckt, über die bayerische Grenze kutschiert.

Aber wenn es drauf ankam, dann schreckten so manche Schmuggler auch nicht vor roher Gewalt zurück. Auch heute noch sind bei den Alten

*Auf den „Raumreuten", den gerodeten Inseln im Wald, standen die bäuerlichen Anwesen, die als Verstecke besonders gut geeignet waren.*

im Dreiländereck die Geschichten lebendig, die von den Schießereien und brutalen Gefechten zwischen den Zöllnern und den Schmugglerbanden an der bayerisch-österreichischen Grenze erzählen. War man ihnen auf der Spur, oder wurden sie gar von den Grenzern verfolgt, so konnten sich die Schmuggler in aller Regel auf die Hilfe der Bevölkerung verlassen. Sie versteckten sich in den abgelegenen Höfen und keiner verriet sie. Es ist klar, dass so ein durchorganisiertes, bandenmäßiges Schmuggeln nur möglich war, wenn ein dichtes Netz von Helfern, Sympathisanten, Informanten, Hintermännern, Schleichhändlern und Anführern vorhanden war.

Viel verdienen ließ sich zu allen Zeiten mit dem Schleichhandel nicht. Vor allem die Träger, die Schwirzer, die den größten Gefahren ausgesetzt waren, brachten es zu keinen Reichtümern. Übrig blieb in der Regel ein wenig Geld für die Familien. Viele Schmuggler ließen den mageren Gewinn gleich wieder in den Wirtshäusern. Richtig verdient haben fast ausschließlich die Hehler, Händler und Kaufleute, die es durch den Aufkauf und den Wiederverkauf der Schmuggelware zu erstaunlichem Vermögen und Wohlstand gebracht haben. So wie beispielsweise Mathias Rosenberger (1775–1848), der Erbauer des Rosenbergergutes in Lackenhäuser, von dem behauptet wird, dass er sein gewaltiges Vermögen durch die Hehlerei erwirtschaftet habe.

Vor ziemlich genau 100 Jahren nahm das Schmuggeln dann plötzlich ein bis dahin ungeahntes Ausmaß an. Ursache dafür war der Süßstoff Saccharin.

## Der Saccharinschmuggel

Eine bemerkenswerte Sonderstellung in der Geschichte der gewerbsmäßigen Pascherei entlang der Grenze zu Böhmen und zu Österreich nimmt das Schmuggeln von Saccharin ein. Um die Wende vom 19. zum 20. Jahrhundert bis zum Beginn des Ersten Weltkriegs war der Saccharinschmuggel in ganz Europa weit verbreitet. Dabei entwickelte sich der Untere Bayerische Wald, vor allem die Gegend um den Dreisesselberg, alsbald zu einem Schwerpunkt.

Bei zahlreichen Schmuggelaktionen kam es zu gefährlichen Konfrontationen zwischen den Schwirzern, die meist in Gruppen unterwegs waren, und der Polizei, der Gendarmerie, den Grenz- und Zollbeamten. Wilde Verfolgungsjagden, Schießereien, Verhaftungen und in deren Folge Gefängnisstrafen waren keine Seltenheit. Wobei sich aus den Polizeiberichten und den überlieferten Geschichten schließen lässt, dass die allermeisten Schmuggelzüge scheinbar unentdeckt blieben. Es kam aber auch zu kuriosen, eigenartigen, raffiniert getarnten Saccharin-Schmuggelaktionen.

In diesem Zusammenhang bedarf es zunächst einer Erläuterung, warum ausgerechnet das Schwirzen von Saccharin zu Beginn des 20. Jahrhunderts so weit verbreitet war. Dazu muss man wissen, dass es sich bei Saccharin um einen Süßstoff handelt, der ungleich ergiebiger ist als Zucker und von der chemisch-pharmazeutischen Industrie relativ einfach und vergleichsweise kostengünstig hergestellt werden kann.

An dieser Stelle lohnt ein Blick zurück auf die Geschichte des Süßens von Speisen ganz allgemein. Da steht ganz am Anfang der Honig. Ausgangsstoff für dieses Nahrungsmittel ist der Nektar, ein zuckerhaltiger Saft, den die Bienen aus den Blüten verschiedener Pflanzen gewinnen. Diesen lagern sie in ihrem Stock in mit Wachs verschlossenen Waben ein. Mindestens seit der Steinzeit ist Honig bekannt. Das lässt sich aus einer Darstellung schließen, die vor etwa 9000 Jahren an der Wand einer Höhle angebracht wurde. Diese zeigt einen Mann, der aus einer runden

Öffnung in einem Baumstamm offensichtlich Honig entnimmt und in ein Gefäß gibt. Dabei wird er von wilden Bienen umschwirrt.

Honig war über Jahrtausende das einzige Süßungsmittel. Anfang des 12. Jahrhunderts gelang es schließlich, aus Zuckerrohr Zucker herzustellen. Da diese Pflanze jedoch keinen Frost verträgt und nur unter besonderen klimatischen Bedingungen gedeiht, musste Zucker, wie viele andere Gewürze auch, sehr teuer erworben und per Schiff aus Afrika und Amerika nach Europa transportiert werden. Ein Luxusgut also, das sich nur Wohlhabende leisten konnten.

In unseren Breiten standen bis zu Beginn des 20. Jahrhunderts auf jedem Bauernhof einige aus Strohsträngen kunstvoll geflochtene, kuppelartige Bienenstöcke. Hier produzierten die Bienen den Honig, auf den man noch nicht verzichten konnte. Aber bereits um 1800 wird der Zuckergehalt in einer bestimmten Rübenart entdeckt. Als schließlich um 1850 die industrielle Herstellung von Zucker aus den Zuckerrüben gelang, fiel der Zuckerpreis innerhalb kürzester Zeit rapide ab. Zuckerfabriken entstanden in großer Zahl. Zucker wurde jetzt für jedermann erschwinglich. Bereits um 1900 wurde über die Hälfte des Zuckers aus Rüben gewonnen. Ab diesem Zeitpunkt baute man überall dort, wo sich die Böden dafür eigneten, Zuckerrüben an. Ständig neue Züchtungen wiesen einen noch höheren Zuckergehalt auf.

*Aus Stroh geflochtene Bienenkörbe*

Und ausgerechnet jetzt gelang es in der Schweiz, auf der Basis chemischer Verfahren, einen künstlichen Süßstoff herzustellen, der wesentlich günstiger zu produzieren und obendrein auch noch viel ergiebiger war als der Rübenzucker. Man nennt ihn „Saccharin". Sofort reagierten fast alle europäischen Länder und verboten um die Wende zum 20. Jahrhundert die Herstellung und den Verkauf von Saccharin oder belegten beides mit hohen Steuern.

1902 erließ auch der Deutsche Reichstag ein entsprechendes Verbot. Saccharin war in Deutschland jetzt nur noch auf Rezept in Apotheken erhältlich. Hinter diesem Verbot steckten massive wirtschaftliche Interessen. Die deutsche Rübenindustrie sollte geschützt werden. Nicht nur für das Deutsche Reich, auch für Österreich-Ungarn war Rübenzucker einer der bedeutendsten Exportartikel geworden. Deutschland war zwischenzeitlich zum weltgrößten Zuckerexporteur geworden. Die Zuckerindustrie lieferte einen wesentlichen Teil der staatlichen Steuereinnahmen. Auch die meisten anderen europäischen Länder verfuhren ähnlich und schützten die Rübenzuckerhersteller durch rigide Importbeschränkungen und hohe Steuern.

In Mitteleuropa gab es diesbezüglich nur eine Ausnahme: die Schweiz. Durch verbesserte und damit weitaus kostengünstigere Produktionsprozesse gelang es 1902 hier, den Preis von bisher 150 Mark pro Kilogramm Saccharin auf ein Zehntel dessen zu reduzieren. Und dadurch, dass Saccharin außerdem ungleich ergiebiger war als raffinierter Zucker, ergaben sich für die Schmuggler verlockend hohe Gewinnspannen. Darüber hinaus spielte den Schmugglern in die Hände, dass 1903 der Zuckerpreis in Deutschland um 23 % anstieg.

In der Schweiz konnte jedermann völlig legal Saccharin einkaufen. Ein Kilogramm des in Tablettenform erhältlichen Süßstoffs kostete hier zwischen 5,50 und 9,50 Mark. In Bayern bekam man für diese Menge etwa 18 bis 22 Mark. Noch weit höhere Margen konnten beim Schmuggeln von Saccharin nach Österreich und Böhmen erzielt werden. So sprangen beispielsweise beim Verkauf von einem Kilogramm Saccharin in Böhmen etwa 25 Mark Gewinn heraus. Eine enorme Spanne, die so manchen ansonsten unbescholtenen Bürger zum Schmuggeln verleitete. Gelang es, einen Rucksack voller Saccharintabletten mit ca. 20 Kilogramm Gewicht heimlich über die böhmische Grenze zu schaffen, so konnte man von den 500 Mark Gewinn zu dieser Zeit zum Beispiel zwei Ochsen und ein Kalb erwerben.

Die Schweiz selbst hatte keinerlei Interesse daran, Schutzzölle auf Süßstoff zu erheben. Zucker war von jeher nur gering besteuert, weil man die Schokoladenproduzenten im eigenen Land schonen wollte. Steuerverluste waren also nicht zu befürchten. So entwickelte sich die Saccharinherstellung zu einem wichtigen Faktor in der schweizerischen Chemieindustrie. Der Grundstoff für das Saccharin, das „Toluol", kam sinnigerweise aus Deutschland. BASF lieferte es. Die Schweiz entwickelte sich rasch zum weltgrößten Saccharinproduzenten.

Der Export von Saccharin nach Deutschland, Österreich und Russland war zwar verboten, aber den Schweizer Behörden war durchaus bekannt, dass etwa die Hälfte der gesamten Saccharinproduktion sowohl in kleinem Umfang als auch in großem Maßstab über die deutsche und österreichische Grenze geschmuggelt wurde. Die Schweiz zog sowohl aus der Saccharinherstellung als auch aus der durch die Verbote verursachten Schmugglerei riesige Gewinne. Nach offiziellen polizeilichen Schätzungen aus dieser Zeit gab es in Zürich, dem Hauptumschlagplatz und Zentrum des Schmuggelgeschäfts, weit über 1000 professionelle Händler.

In Deutschland wurde das Schmuggeln von Saccharin von den Zoll- und Polizeibehörden mit aller Entschiedenheit und Härte verfolgt. Auch die österreichische Regierung entsandte mehrfach extra dafür ausgebildete Gendarmerie-Einheiten in das Grenzgebiet, um die Pascherei zu unterbinden. Allerdings mit nur mäßigem Erfolg: Die Schwirzer waren ihnen, zumindest was die entscheidend wichtigen Ortskenntnisse anbelangte, überlegen.

Als der Druck Deutschlands deutlich zunahm, entschlossen sich die Schweizer Behörden, strenger vorzugehen. Daraufhin wurden allein 1912 über 900 Saccharinschmuggler verhaftet. Erst als während des Ersten Weltkriegs das generelle Verbot von Saccharin aufgehoben wurde, ging der Schmuggel nach Deutschland entscheidend zurück. Saccharin sollte ab jetzt in diesen Notzeiten als Zuckerersatz dienen.

## Die Tricks der Saccharinschmuggler

Eine wahrhaft auffällige Sonderstellung nahm der Schmuggel des Süßstoffes Saccharin im Dreiländereck Bayern, Böhmen und Österreich zu Beginn des 20. Jahrhunderts ein. Der Gewinn, der den Paschern winkte, war in diesem Zeitraum dermaßen verlockend hoch, dass sich viele Männer, aber auch Frauen, auf das Schmuggeln geradezu gewerbsmäßig verlegten. Sie kamen überwiegend aus den ärmeren Bevölkerungsschichten, die nur schwer Arbeit fanden, mit einem geringen Einkommen über die Runden kommen mussten und deshalb jede Gelegenheit für einen Nebenverdienst wahrnahmen. Und da stand das Schmuggeln an oberster Stelle.

Freilich wurden viele bei ihren Schwärzeraktionen von Gendarmerie und Grenzbeamten auf frischer Tat ertappt. Aber zumeist erst nach verhältnismäßig langer Zeit und nach erstaunlich vielen „geglückten" Schmuggelgängen. Immer wieder ersannen die Pascher neue Tricks, ließen sich raffinierte Verstecke einfallen und heckten regelrechte Strategien aus, um die Behörden hinters Licht zu führen und das kostbare Saccharin aus der Schweiz in unser Grenzgebiet und weiter nach Böhmen oder Österreich zu bekommen.

Die erste große Hürde, die es zu überwinden galt, das war die Grenze zwischen der Schweiz und Österreich beziehungsweise zwischen der Schweiz und Deutschland. Wobei feststeht, dass die Schweizer Behörden kein großes Interesse zeigten, den Schmuggel von Saccharintabletten zu unterbinden. Auf österreichischer und deutscher Seite war das dagegen ganz anders: Hier wurden die Grenzen scharf bewacht, und es gehörten schon ausgezeichnete Ortskenntnisse, viel Mut und Risikobereitschaft dazu, wenn die in aller Regel gut organisierten Schmugglerbanden die Ware auf schmalen Gebirgspfaden und gefährlich ausgesetzten Schleichwegen nach Deutschland schafften.

Hier wurde dann der Süßstoff in gut getarnten Verstecken, in abgelegenen Gehöften, in Heuhütten und Scheunen zwischengelagert. Von

*Überlandpostkutsche*

dort übernahmen dann vor allem Einzelpersonen oder ganze Gruppen, die auf eigene Rechnung arbeiteten, aber auch durchorganisierte Schmugglerbanden, gegen Barzahlung das Saccharin. Der darauf folgende Transport quer durch Süddeutschland erfolgte meist per Eisenbahn über München und Passau bis zu den jeweiligen Endstationen im Bayerischen Wald. Die Eisenbahn hatte gerade um die Jahrhundertwende ihr Netz ständig erweitert und spielte beim Saccharinschmuggel eine nicht unerhebliche Rolle.

Dieser Teil der „Schmuggel-Expeditionen" war mit am gefährlichsten. Überall dort, wo die Schwirzer mit ihrem Schmuggelgut umsteigen mussten, an den Bahnhöfen in München und Passau, waren immer häufiger Gendarmen unterwegs und beobachteten die Passagiere aufmerksam. Stichprobenartig wurde kontrolliert, und wenn sich der Verdacht bestätigte, wurde die Ware beschlagnahmt und die betreffende Person in Gewahrsam genommen. Verständlich, dass sich die Schmuggler gerade hier die raffiniertesten Tricks ausdachten, um nicht ertappt zu werden.

Der, wenn man so will, dritte Abschnitt des Saccharinschmuggels, der Transport über den unwegsamen Grenzkamm nach Böhmen beziehungsweise Österreich setzte wiederum beste Ortskenntnis voraus. Auch hier war die Arbeit von „Spezialisten“ gefragt.

Jeder an solchen Schmuggleraktionen Beteiligte wurde entsprechend seiner Leistung und dem Gewicht der transportierten Waren bezahlt. Je mehr Hilfe und Zuarbeit in Anspruch genommen wurde, umso geringer fiel der eigene Gewinn aus. Deshalb ist es durchaus verständlich, dass viele wagemutige junge Burschen und Frauen, Knechte, Mägde, Kleinhäusler und Inwohner aus vielen Gemeinden im Dreiländereck sich auf den Weg machten in die Schweiz. Dort war es ein Leichtes, die gewünschte Menge Süßstoff zu besorgen. Weit schwieriger war es dann, das „Zeug“ nach Deutschland zu schaffen und dann per Bahn, Postkutsche oder Lohnfuhrwerk in die heimatlichen Gefilde zu transferieren, hier zunächst gut zu verstecken und schließlich nach Böhmen oder Österreich zu tragen.

Einige dieser abenteuerlichen, teilweise skurrilen Geschichten, die nicht selten heute noch in verschiedenen Familien lebendig sind, sollen hier wiedergegeben werden und ein Schlaglicht werfen auf eine schwierige Zeit. Dabei waren die Vorgehensweisen der Schmuggler sehr unterschiedlich, sie standen jedoch stets in Konflikt mit Recht und Gesetz.

In kleinen Mengen wurde Saccharin beispielsweise in Päckchen und Briefen an Bekannte und Verwandte im Ausland verschickt, wurde in Kerzen und Seife eingegossen, war in Autoreifen und ausgehöhlten Käse- und Brotlaiben versteckt.

## Der Saccharinheilige

Weitum bekannt ist bis heute die Geschichte mit dem so genannten „Saccharinheiligen“ von Bischofsreut. Dabei spielte eine aus Lindenholz geschnitzte, farbig gefasste und knapp lebensgroße Figur des Heiligen Nepomuk eine recht zweifelhafte Hauptrolle. Die Holzplastik befand sich ehemals in der Kirche von Bischofsreut und rückte jährlich einmal ins Zentrum des örtlichen religiösen Geschehens, wenn sich die Gemeinde in einer Prozession ins benachbarte Dorf Böhmisch Röhren jenseits der Grenze auf den Weg machte. Eine gute Stunde Fußmarsch trennte die beiden Ortschaften voneinander und es bestanden zahlreiche freundschaftliche Beziehungen und familiäre Bindungen zwischen den Bewohnern. Als Bischofsreut noch kein eigenes Gotteshaus hatte, gingen relativ viele Gläubige an den Sonn- und Feiertagen zur Feier der Heiligen Messe in die Kirche von Böhmisch Röhren.

Wie bekannt, wird der Heilige Nepomuk in Tschechien bis heute hoch verehrt. So war es also keineswegs verwunderlich, wenn am „Nepomuk-Feiertag“ eine lange Prozession singend und betend die Grenzstation passierte. Im Zentrum des Zuges schleppten vier kräftige Burschen eine hölzerne Trage, an der seitlich Stangen befestigt waren, auf ihren Schultern. Darauf stand die Figur des Heiligen Nepomuk. Die Holzplastik war auf die Trage geschraubt, damit sie auf dem holprigen Steig nicht etwa ins Wanken geriet und gar abstürzte. Die Zollbeamten und Gendarmen auf beiden Seiten kannten diesen alten Brauch und ließen die Prozessionsteilnehmer jedes Mal ohne Kontrolle passieren, hinüber wie herüber.

In Böhmisch Röhren angekommen, zog die Prozession, feierlich begrüßt vom Ortspfarrer, in die Kirche ein. Die vier Träger verschwanden für kurze Zeit mit dem Heiligen Nepomuk in der Sakristei. Dort wurden das Tragegestell und die Figur mit frischen Birkenzweigen und bunten Bändern geschmückt und daraufhin in der Kirche vor dem Altar aufgebaut. Nach dem Gottesdienst und einer kleinen Feier ging es dann wieder zurück nach Bischofsreut.

Im Laufe der Jahre zu Beginn des 20. Jahrhunderts erfreute sich diese Wallfahrt eines so großen Zuspruchs, dass man sich nicht mehr mit einer Prozession begnügte. Mehrmals im Jahr machten sich jetzt die Bischofsreuter auf den Weg in den Nachbarort jenseits der böhmischen Grenze. Groß aufgefallen scheint das niemandem zu sein. Zumindest schöpften die Grenz- und Zollbehörden scheinbar keinerlei Verdacht ob dieses stark zunehmenden Prozessionsverkehrs.

*Der so genannte „Saccharinheilige" St. Nepomuk in Bischofsreut*

Erst viel später, als die Ein- beziehungsweise Ausfuhrbestimmungen für Saccharin offiziell aufgehoben wurden, zeigte sich, dass der Heilige Nepomuk regelmäßig zum Süßstoff-Schmuggeln missbraucht worden war. Zu diesem Zweck hatte man ihn von unten her ausgehöhlt, hatte den beträchtlichen Hohlraum mit Saccharintabletten vollgestopft und mit einem extra zurecht geschnitzten Holzdeckel wieder verschlossen.

Es liegt auf der Hand, dass von diesem Treiben relativ viele Personen gewusst haben mussten. Aber die Bischofsreuter und die Leute von Böhmisch Röhren, die in das lukrative Geschäft eingeweiht waren, hielten dicht. Die Sache kam offiziell nie auf. Und so sind die Bischofsreuter heute noch stolz auf ihre cleveren Vorfahren und erzählen davon, wie es über lange Zeit gelang, die Grenzer hinters Licht zu führen. Diese Holzfigur des Heiligen Nepomuk steht übrigens seit etwa 1960 in einer kleinen Kapelle in Bischofsreut.

## Die Schmuggelpuppen

Vor allem in der „Blütezeit“ des Saccharinschmuggels kamen findige Pascher auf die unglaublichsten Tricks und Methoden, den Gewinn verheißenden Süßstoff, sogar direkt an den gut bewachten Grenzstationen vorbei, ins Nachbarland zu schaffen. Meist waren es intensive Kontrollen, genaue Beobachtungen, große Erfahrung, oftmals aber war es reiner Zufall, dass solche „Transportverstecke“ von den Behörden entdeckt wurden.

Die Tabletten wurden in den Rohrrahmen von Fahrrädern versteckt, ebenso in ausgehöhlten Baumstämmen, die in ein nahe gelegenes Sägewerk ins Nachbarland transportiert wurden; selbst bei der Überführung eines Verstorbenen nach Österreich scheuten manche Leute nicht davor zurück, im Sarg Saccharin zu verbergen.

Eine besonders drollige Geschichte trug sich in der Nähe von Bischofsreut zu. Wie bereits erwähnt, war es keine Seltenheit, dass über die Grenzen hinweg geheiratet wurde. So ehelichte beispielsweise der Häusler Kajetan F. um 1900 die Inwohnerstochter Maria L. aus einem kleinen Weiler oberhalb Böhmisch Röhren. Kurz hintereinander erblickten drei Mädchen das Licht der Welt. Der kleine Besitz der Familie, der wenige Grund, den sie besaß, warf nicht genügend ab, um die Familie zu ernähren. Kajetan war ein kräftiger junger Mann, so fand er gelegentlich Arbeit beim Forst. Er galt als guter, zuverlässiger Holzknecht und verdiente gerade mal soviel dazu, dass die Familie einigermaßen über die Runden kam.

Als dann die Sache mit dem Saccharinschmuggel so richtig am Laufen war, ließ er sich nach langem Zögern dazu überreden, bei den Paschergängen mitzumachen. Seine ausgezeichneten Ortskenntnisse hatte er sich durch die Arbeit in den Grenzwäldern erworben. Er war ein gefragter Mann, transportierte jedoch den Süßstoff nur gelegentlich über die Grenze, wenn es aus wirtschaftlichen Gründen notwendig schien.

Seine Frau war dann immer in größter Sorge. Schließlich wären für die junge Familie die schlimmsten Folgen zu befürchten gewesen, wenn der Vater und einzige Ernährer der Familie erwischt und ins Gefängnis gesteckt worden wäre. Andererseits war man auf den Nebenverdienst mehr oder weniger angewiesen.

So ersann Maria eine List, um ihrem Mann die gefährlichen Schmuggeltouren zumindest teilweise zu ersparen. Da ihre Eltern und Geschwister nicht weit hinter der der Grenze in Böhmen wohnten, besuchte sie diese mit den drei kleinen Mädchen relativ häufig. Besonders zur Erntezeit half sie drüben mit. Der Weg war nicht allzu weit und die Kinder hatten Spaß daran. Allerdings mussten stets die drei Puppen mitgenommen werden, die ihnen die Mutter aus alten Kleiderstoffen liebevoll und mit großem Geschick zusammengenäht hatte. Körper, Kopf und Gliedmaßen bestanden aus Leinen und waren mit einem Gemisch aus Sand, Grieß und Haferkörnern gefüllt. Die Kleidchen waren aus unterschiedlichen bunten Stoffresten zusammengenäht. Die Puppen waren das einzige Spielzeug, das die Mädchen hatten, wurden entsprechend hoch geschätzt und wurden überall mit hin genommen.

Auch wenn es zu den Großeltern ging und zu den Tanten, waren die kleinen Wesen mit von der Partie. Die Zollbeamten an der Grenzstation kannten die vier längst. Ab und an wurde der Tragesack der Mutter kontrolliert, wenn dieser reichlich gefüllt erschien. Nie war Verbotenes darin verstaut. Heu manchmal für die Hasen, oder etwas Milch und Brot, Gemüse und Ähnliches. Gespräche der Grenzbeamten mit den Mädchen und kleine Neckereien wegen der Püppchen heiterten die Kinder stets auf. Aus der Hand gaben sie ihre Lieblinge, trotz schelmischem Bittens manches Beamten, natürlich nie. Und das brachte Maria auf die verwegene Idee, genau diesen Umstand zu nutzen.

In der Folgezeit, immer wenn ein Ausflug zur Verwandtschaft hinüber nach Böhmen anstand, trennte sie nachts, wenn die Mädchen schliefen, die Körper der Puppen vorsichtig auf, ersetzte deren Füllung durch Saccharintabletten und nähte daraufhin die Nahtstellen wieder sorgfältig zu. Die herausgenommenen Körner wurden, als Hühnerfutter deklariert, zur Wiederbefüllung für den Rückweg eingetütet und im Rucksack verstaut. Natürlich alles in Absprache mit ihrem Mann. Der war von der Sache weiß Gott nicht begeistert, stimmte dann aber doch widerwillig zu. Er kannte seine Maria. Wenn die sich einmal etwas in den Kopf gesetzt hatte, konnte sie niemand so leicht von der Umsetzung einer Idee abhalten. Er gab nach und stellte Maria das benötigte Saccharin zur Verfügung, das jeweils bis zu einem geplanten Transport über die Grenze im kleinen Stall vergraben war.

Als Maria zum ersten Mal diese Schmuggelaktion durchführte, war ihr die Aufregung ins Gesicht geschrieben. Aber es klappte anstandslos. Bei ihrer Schwester, die in die Sache eingeweiht war, wurde in der Zeit, wenn die drei Mädchen ihren Mittagsschlaf hielten, das Saccharin aus den Puppen genommen, durch die mitgebrachte Füllung ersetzt und die Naht wieder verschlossen. Bereits beim zweiten Beutezug musste die Originalfüllung nicht mehr mitgenommen werden, denn die Schwester hatte eine reichlich große Menge an Sand, Grieß und Haferkörnern als Vorrat zusammengemischt. Marias Schwester gab das Saccharin gegen die entsprechende Bezahlung an einen Wirt im Nachbarort weiter, der als Hehler weitum bekannt war. Der Puppentrick funktionierte über etliche Jahre anstandslos.

Eine der wenigen Geschichten, die bis heute in einer 1945 aus der angestammten Heimat vertriebenen Familie lebendig blieb. Nur ganz wenige Erzählungen über den Saccharinschmuggel haben sich bis zum heutigen Tag im Gedächtnis der Bevölkerung gehalten. Zum einen, weil diese aufregende Zeit mittlerweile doch schon lange zurückliegt. Über hundert Jahre sind seither vergangen. Zum anderen hat sich das mit dem Weitererzählen von Geschichten längst aufgehört. Bevor die modernen Medien die Wohnzimmer und Stuben eroberten, saßen die Menschen, vornehmlich an den langen Winterabenden, zusammen und lauschten den Erzählungen der Alten. Freilich erfuhren im Laufe der Zeit viele dieser Geschichten so manche Veränderung. Da wurde schon mal phantasievoll ausgeschmückt, der Spannung wegen übertrieben, wurden wortreich gefährliche Situationen und Geschehnisse dramatisiert. Aber all dieses lebendige Weitertragen von Ereignissen hatte stets einen wahren Kern.

## Der „Saccharinkönig"

Die Mehrzahl der Schmuggler begab sich nur gelegentlich auf den gefahrvollen Weg über die Grenze. Überwiegend dann, wenn die häusliche Not sehr groß geworden war, keine Arbeit gefunden wurde, wenn unvorhergesehene Ausgaben anstanden oder man mit dem mäßigen Gewinn aus der Pascherei den Lebensunterhalt für die Familie aufbessern wollte. Dies gaben jedenfalls zahlreiche Schmuggler zu Protokoll, die bei ihrem Schleichhandel auf frischer Tat ertappt worden waren.

Es gab aber auch einige wenige Einzelpersonen, die immer wieder gefasst und wegen gewerbsmäßigen Schmuggels mehrfach verurteilt wurden, aber gleich nach dem Absitzen ihrer Strafe unbelehrbar sofort wieder dem verbotenen Schleichhandel nachgingen. Einige von diesen dreisten Paschern bauten im Laufe der Zeit regelrechte Schmuggelimperien auf, hatten ein weites Netz an Zuträgern, Helfern, Informanten und Leuten, die die Waren in oftmals großen Gruppen über die Grenzen trugen.

Solche Bandenführer wurden freilich ständig von der Polizei verfolgt und gejagt, verstanden es jedoch, immer wieder unterzutauchen. Das funktionierte natürlich nur, weil man ihnen in den Weilern und abgeschiedenen Höfen Unterschlupf gewährte. In weiten Teilen der Bevölkerung genossen sie ein hohes Ansehen. Man bewunderte ihren Mut und ihre Verwegenheit, sie waren nicht nur bei den Häuslern im Dreiländereck angesehen und beliebt.

Zu diesen zweifelhaften „Helden" zählte auch Kajetan Schinkinger, der am 9. August 1867 das Licht der Welt erblickte. Und zwar als fünftes von sechs Kindern der Häuslerfamilie Georg und Anna Schinkinger, die unweit von Breitenberg, in Ungarsteig, ein kleines Anwesen bewohnten. Wie in dieser armen Gegend üblich, mussten die Kinder möglichst bald aus dem Haus und selbst für ihren Lebensunterhalt sorgen. Kajetan wurde von Verwandten in der Nähe von Erlau aufgenommen und arbeitete dort als Rossknecht. Zum ersten Mal wurde er auffällig, als er bei einem Fest in eine Schlägerei verwickelt war.

Wie viele seiner Zeitgenossen, die keine Arbeit fanden, entschloss er sich 1890, nach Amerika auszuwandern. Hier fand er bald schon Arbeit und holte seine Freundin Maria Lerner nach, die aus Zielberg in der Gemeinde Jandelsbrunn stammte. Die beiden heirateten 1892. Aber da vor allem seine Frau zunehmend unter Heimweh litt, kehrten sie bereits 1895 wieder nach Deutschland zurück und übernahmen das Anwesen seiner Eltern. Von dem Wenigen, was sich hier erwirtschaften ließ, konnte die Familie nicht leben. Trotz aller Bemühungen fand Kajetan Schinkinger keine Arbeit. Vielleicht war seine zweifelsfrei latent vorhandene kriminelle Energie die Ursache dafür, dass er zusammen mit zwei engen Freunden aus Zielberg eine Falschmünzerei aufzog. Aus dem billigen Metall von Esslöffeln prägten sie Münzen im Nennwert von ein, zwei und fünf Mark und brachten sie in Verkehr. 1897 flog die Bande auf und Schinkinger verschwand für vier Jahre im Gefängnis, kam aber bereits nach zweieinhalb Jahren wegen guter Führung wieder auf freien Fuß.

Ab jetzt verschrieb er sich dem Saccharinhandel. Dazu fuhr er regelmäßig mit der Eisenbahn nach Radolfzell und kaufte einem Mittelsmann, der den Süßstoff in großen Mengen auf Schleichwegen aus der Schweiz nach Deutschland brachte, das Saccharin ab. Dann machte er sich, getarnt als Tourist, mit seinen zwei prall gefüllten Rucksäcken auf die Heimreise. Bei seinen Schmuggelgeschäften spielten die gerade in Betrieb genommenen Bahnstrecken in den südlichen Bayerischen Wald eine entscheidende Rolle. Von den Endpunkten der Bahn wurde er von Vertrauten abgeholt, die ihn zusammen mit dem Schmuggelgut mit ihren Fuhrwerken nach Hause transportierten. Die offiziell eingesetzten Kutschen, die von den Endbahnhöfen in die Bezirke nahe der Grenze planmäßig verkehrten, mussten gemieden werden, da diese regelmäßig von den Zoll- und Grenzbeamten kontrolliert wurden. Bei Nacht brachte er dann das Saccharin über die österreichische oder böhmische Grenze.

Nachdem diese Aktionen stets ohne besondere Vorkommnisse verliefen, und auch die bayerischen Behörden kein besonderes Interesse zeigten, seiner habhaft zu werden, begann er sein Geschäftsfeld zu erweitern. Er warb eine ganze Anzahl von Leuten an, die für ihn den Süßstoff auf verschiedene Weise heranschafften, raffiniert versteckt in extra angefertigten Westen und Mänteln mit vielen Taschen, eingenäht in Damenunterwäsche, verborgen unter dem doppelten Boden von Koffern und Taschen. Er selbst trat immer wieder als Lohnfuhrmann in Erscheinung und passierte wiederholt ganz legal mit seinen Fuhrwerken die Grenze. Mal hatte er Baumstämme geladen, gelegentlich transportierte er bei Eheschließungen über die Landesgrenze hinweg das Hochzeitsgut, die Kisten, Truhen, Schränke, die Kästen, Betten und Anrichten. Raffiniert versteckt darin das Saccharin.

Das ging über einen langen Zeitraum erstaunlich gut. Man möchte meinen, dass diese Transporte irgendwann an der Grenze hätten auffallen müssen. Es wurde viel gemunkelt und gerätselt. Verdächtigungen wurden kolportiert und die wildesten Vermutungen und Gerüchte machten die Runde. Schließlich setzten die Behörden alles daran, Kajetan Schinkingers Treiben aufzudecken, ihn des bandenmäßigen Schmuggels in großem Stil zu überführen. Und das gelang dann am 7. Dezember 1906 tatsächlich. Man erwischte ihn mit eineinhalb Zentnern Saccharin im Koffer, als er in Hauzenberg aus dem Zug stieg. Er wurde verhaftet und wanderte für sechs Wochen ins Gefängnis. Einmal auf ihn und sein Treiben aufmerksam geworden, stand er ab jetzt unter ständiger Beobachtung. Mehrmals wurde er in den folgenden beiden Jahren des Schmuggels überführt.

1908 eröffnete er eine Limonadenfabrik, natürlich unter Einsatz von Saccharin zum Süßen. Unter anderem kaufte er aus dem Gewinn, den seine dubiosen Geschäfte abwarfen, etwa zehn Hektar Grund und vergrößerte damit seinen Besitz erheblich. Auch das Wohnhaus ließ er renovieren und errichtete eine Ziegelei. Als einer der ersten erwarb er 1909 ein Automobil und setzte dieses beim Saccharinschmuggel ein. An die zwanzig Personen beschäftigte er, die im gesamten Unteren Bayerischen Wald für ihn tätig waren und den Schmuggel in großem Stil betrieben. Erst im Sommer 1912 gelang es, den Schmugglerring endgültig auszuheben. Kajetan Schinkinger jedoch war spurlos verschwunden.

Zunächst versteckte er sich in unmittelbarer Nähe seines Hauses in einem unterirdisch angelegten Raum. Dann konnte er offensichtlich der Versuchung nicht widerstehen, wieder seiner alten Leidenschaft, dem Schmuggeln, nachzugehen. Ein Zollbeamter auf Streife wurde auf ihn aufmerksam, erkannte ihn und löste eine Großfahndung aus. Kurz nach Mitternacht, am Faschingsdienstag, dem 4. Februar 1913, wurde er bei Nachbarn in Ungarsteig verhaftet. Man verurteilte ihn zu einem Jahr und neun Monaten Gefängnis und zu mehreren dermaßen hohen Geldstrafen, dass sein Anwesen verkauft werden musste. Die Familie ließ sich nach mehreren Zwischenstationen schließlich in Vornbach bei Passau nieder. Der „Schmugglerkönig des Bayerischen Waldes“, wie er in der Presse genannt wurde, verstarb im Alter von 83 Jahren am 19. Dezember 1950.

## Zwei Hausfrauen auf Schmuggeltour

Im März 1905 wurden die Söldnersfrau Karolina S. aus Raumreut bei Bischofsreut und die Schreinersfrau Kreszenz P. aus Richardsreut beim Saccharinschmuggel aufgegriffen. Die beiden waren in ihren Heimatgemeinden dafür bekannt, dass es ihnen immer wieder gelang, größere Mengen des Süßstoffs in der Schweiz einzukaufen und unentdeckt bis nach Böhmen zu schmuggeln. Karolina S. und Kreszenz P., beide kinderlos und um die 25 beziehungsweise 35 Jahre alt, waren neben ihrer Hausfrauentätigkeit gelegentlich auch als so genannte Stöhr-Näherinnen unterwegs. Dabei verweilten sie meist für einige Tage bei den Bauersleuten, die sie angefordert hatten. Die Entlohnung bestand, wie zu dieser Zeit üblich, aus einem geringen Entgelt bei freier Kost und Logis. Die Arbeit der Stöhr-Näherinnen bestand darin, abgetragene Kleidung zu flicken, die zerschlissenen Hosen der Buben und Knechte und die defekten Kleider der Mädchen und Mägde zu reparieren. Manchmal musste auch für die Bäuerin ein neues Kleid genäht werden.

Bei dieser Arbeit hatten sich die beiden Frauen kennengelernt und fassten den Entschluss, es den mutigen Burschen aus ihren Dörfern gleich zu tun und mit dem Schwärzen von Saccharin ordentlich Geld zu verdienen. Die Männer der beiden Frauen hatten schon seit einiger Zeit immer wieder einmal Säcke mit Süßstoff über die Grenze nach Böhmen transportiert und dabei ganz schön Geld eingestrichen. Das lockte die beiden und sie beschlossen, auch in dieses „Geschäft“ einzusteigen.

Nachdem sie gut und geschickt mit Nadel und Faden umgehen konnten, war es für sie ein Leichtes, verschiedene Tragevorrichtungen, Taschen und andere Behältnisse zu schneidern, in denen eine lohnenswerte Menge Saccharin versteckt und transportiert werden konnte. Diese Umhängetaschen waren in ihrer Form so raffiniert gefertigt, durch verknüpfte Bänder so exakt an die Körperformen der beiden Frauen angepasst und unter deren weiten Kleidern und Röcken so gut verborgen, dass sie über eine erstaunlich lange Zeit den wachsamen Augen der Grenz- und Zollbeamten entgingen.

Und so machten sich also Karolina und Kreszenz 1903 zum ersten Mal mit dem Zug von Waldkirchen aus auf den Weg in die Schweiz. Nicht ohne vorher Erkundigungen eingezogen zu haben, wo man denn dort den Süßstoff erwerben könnte. In vielen Dörfern entlang der Grenze nach Österreich und Böhmen gab es genügend Häusler, Inwohner, Holzknechte, aber auch Hehler, die sich mit der Pascherei bestens auskannten und von denen man die nötigen Auskünfte bereitwillig bekam.

Natürlich barg das waghalsige Unternehmen vielfältige Risiken, dessen waren sich die zwei Frauen durchaus bewusst. Aber bestens vorbereitet, was die Ortskenntnisse, die Logistik, das Wissen um die lokalen Gegebenheiten und die verkehrstechnischen Besonderheiten anbelangte, trafen sie an einem verregneten Vormittag in Zürich ein. Dort wandten sie sich umgehend an die Adresse, die ihnen mehrfach als Sitz eines reellen Verkäufers angegeben worden war und kauften ohne jegliche Probleme die berechnete Menge Saccharin. Exakt 50 Pfund. Die Tabletten wurden sorgfältig in den Binde- und Umhängetaschen verstaut und eng an den Körper geschnürt. Wer die beiden Frauen kannte, dem wäre sofort deren erstaunliche Körperfülle aufgefallen. Normalerweise waren sie nämlich ziemlich schlank. Die breiten Hüften und eine bemerkenswerte Oberweite ließen sie jetzt eher als dralle Bauersfrauen erscheinen.

Dann wurde die Rückfahrt mit der Eisenbahn angetreten. Natürlich mussten die beiden damit rechnen, dass sie an der Grenze kontrolliert werden würden. Jetzt hieß es, ruhig und besonnen zu bleiben, obwohl beim erstmaligen Kontakt mit den Gendarmen an der Grenze die Nerven blank lagen. Sozusagen zur Tarnung führten sie ein relativ umfangreiches Handgepäck mit sich: In den großen Stofftaschen befanden sich neben Wäsche und allerhand persönlichen Kleidungsstücken ihre Nähutensilien. So konnten sie gegebenenfalls die Gendarmen von sich selbst ablenken und glaubhaft versichern, dass sie als Schneiderinnen unterwegs waren. Mehrfach wurden ihre auffällig riesigen Stofftaschen genauestens durchsucht, aber nie wurde Schmuggelgut gefunden. Mit diesem Trick gelang es ihnen in der Folge mehrfach, die Zollhürden zu meistern.

Auf der langen Strecke zurück in den Bayerischen Wald stiegen sie mehrmals um, wechselten einige Male die Züge und kauften an den jeweiligen Bahnhöfen Fahrkarten für den nächsten Streckenabschnitt. Eine Vorsichtsmaßnahme, um eine Rückverfolgung der Fahrtstrecke zu verschleiern. Aus diesem Grund übernachteten die beiden Frauen ab und zu auch bei Bekannten und Freunden in Augsburg, Landshut und München.

Obwohl diese Schmuggelfahrten bereits mehrmals gutgegangen waren, wechselten die beiden Pascherinnen ständig die Methoden. Mal passierten sie zu Fuß ganz legal die schweizerisch-deutsche Grenze, ein anderes Mal schlossen sie sich einer Schwärzergruppe an, die nachts auf schmalen Pfaden das Saccharin in großen Mengen verschob. Ein paar Mal gelangten sie auf Schiffen über den Bodensee und setzten dann die Heimreise von Lindau aus mit dem Zug fort. Erzählt wird auch, dass sie gelegentlich ganz spezielle Kleidung trugen, um bei einer eventuellen Überprüfung einer genauen Kontrolle zu entgehen. So trug die Jüngere der beiden mehrfach weite Umstandskleidung. Offensichtlich hochschwanger sahen die Zollbeamten tatsächlich einige Male von einer eingehenden Körperkontrolle ab. Mit Verständnis und Mitleid der Kontrolleure spekulierten die zwei Näherinnen auch, wenn sie in schwarzer Trauerkleidung und verweinten Augen, ein Taschentuch in der Hand, im Zug saßen. Angeblich kamen die beiden von der Beerdigung eines nahen Verwandten. Sterbebilder, die sie in einer Kirche in Zürich hatten mitgehen lassen, hätten gegebenenfalls bei einer Kontrolle als Beweis für den Grund ihrer Fahrt dienen können.

Über zwei Jahre ging das so. Aber wie so üblich stellte sich nach einiger Zeit eine gewisse Sorglosigkeit und Überheblichkeit ein. Der beträchtliche finanzielle Gewinn machte leichtsinnig. Die Abstände zwischen den Schmuggelaktionen wurden gefährlich kleiner, die Menge der Schmuggelware nahm an Umfang zu.

Einmal war es ganz knapp – da wären Karolina und Kreszenz am Endbahnhof in Freyung ums Haar gefasst worden: Am Bahnhof in Waldkirchen waren mit dem Abendzug zwei große Reisekörbe aus Landshut angekommen, welche von zwei „Frauenspersonen" dem Postillion samt

Gepäckschein zur Weiterbeförderung übergeben wurden. Verdächtigerweise waren mit demselben Zug auch Karolina S. und Kreszenz P. angekommen. Am Bahnhof in Freyung warteten bereits die Gendarmen auf die Frauen und die Reisekörbe. Als die beiden in Freyung das Gendarmerieaufgebot sahen, verließen sie eilends den Zug auf der dem Bahnsteig abgewandten Seite und konnten über die Gleise in der Dunkelheit unerkannt entkommen. Die Reisekörbe hatten sie zurückgelassen. Die waren voll mit Saccharin und wurden beschlagnahmt. Der Verdacht richtete sich auf die beiden Stöhr-Näherinnen. Sie waren mittlerweile ins Visier der Grenzbehörden geraten. Hausdurchsuchungen wurden durchgeführt, allerdings ohne dass die Grenzwachmannschaften fündig geworden wären.

Erst nach einem dreiviertel Jahr, als die beiden offensichtlich davon ausgingen, dass Gras über die Angelegenheit gewachsen wäre, wagten sie einen erneuten Schmuggelzug in „bewährter Form“. Im März 1905 wurden sie, aus der Schweiz kommend, beim illegalen Grenzübertritt gefasst. Die große Menge Saccharin, die sie in Taschen und Tragevorrichtungen am Körper transportierten, wurde beschlagnahmt, die beiden Frauen wurden verhaftet und zu jeweils 40 Mark Strafe und acht Tagen Gefängnis verurteilt. Ab diesem Zeitpunkt traten die beiden Schmugglerinnen nicht mehr in Erscheinung.

## Stückgut – eine moderne Versandmethode

Als man gegen Ende des 19. Jahrhunderts daran ging, ganz Bayern mit einem möglichst gleichmäßig dichten Schienennetz zu überziehen, sah man von offizieller Seite aus in der Eisenbahn zunächst vornehmlich ein Transportmittel für die unterschiedlichsten Güter. Holz und Stein in allen möglichen Bearbeitungsformen, aber auch Eisen, Kohle und landwirtschaftliche Produkte konnten jetzt in großen Mengen rasch über große Strecken hinweg verfrachtet werden. Dieses Transportgeschäft sollte nach Ansicht der Planer und der höchsten Regierungsstellen den eigentlichen wirtschaftlichen Gewinn abwerfen.

Niemand dachte damals daran, dass der Personenverkehr bald schon einen dermaßen großen Zuspruch finden würde. Bestanden die Zuggarnituren in den Anfangsjahren überwiegend aus Güterwägen, denen vielleicht ein oder zwei Personenwägen angehängt waren, so kehrte sich diese Konstellation sehr bald um. Aber dass nach wie vor der Gütertransport Priorität hatte, lässt sich daran erkennen, dass die Fahrpläne auf das An- und Abhängen und das Rangieren der Güterwägen an den Bahnstationen abgestellt waren. Da gab es mitunter lange Wartezeiten für die ständig wachsende Anzahl der Reisenden. Die Fahrzeiten wurden unerträglich lange. Ein Umstand, der zunehmend für Ärger sorgte. So entschloss man sich schon relativ früh, Güterverkehr und Personenverkehr zu trennen. Das Reisen wurde viel angenehmer, die Fahrzeiten verkürzten sich merklich.

Der Zuspruch wuchs, die Fahrgäste wurden landauf landab ständig mehr, die Züge waren gut frequentiert, auf manchen Strecken waren die Waggons voll besetzt. Das wiederum führte erneut zu Ärger, denn viele Passagiere hatten neben ihrem Handgepäck auch noch Koffer, Reisetaschen, Körbe, Kisten und Schachteln dabei. Auch Steigen mit allerhand Kleintieren, Hühnern, Hasen, Gänsen wurden gelegentlich mitgeführt. Selbst die Erfindung der Gepäcknetze zum Verstauen von Handgepäck,

*Die Eisenbahn bei Waldkirchen (um 1930)*

Koffern und Ähnlichem, hoch über den Sitzen, konnte das Problem nicht zufriedenstellend lösen.

So veranlassten die Eisenbahnkommissäre die Einführung des so genannten Stückgutverkehrs. Dabei war den Personenzügen ein geschlossener Güterwaggon angehängt. Hier konnten die Reisenden, nach dem Vorweisen eines gültigen Fahrscheins, größere Gepäckstücke abgeben und am jeweiligen Zielbahnhof wieder in Empfang nehmen. Diese Kisten, Kartons und Reisekörbe mussten mit einem Anhänger versehen sein, auf dem sowohl Name und Anschrift des Besitzers als auch Aufgabeort und Zielbahnhof sowie die Art des Inhalts vermerkt waren.

Dieser Stückgutdienst der Bahn konnte aber auch von Leuten in Anspruch genommen werden, die nicht als Fahrgäste unterwegs waren. Das Stückgut wurde dann gegen ein festgelegtes Entgelt und entsprechend beschriftet an einer Bahnstation zum Weitertransport abgegeben, und der ausgewiesene Empfänger konnte dann das Objekt an einer der extra für diesen Zweck errichteten Güterhallen am Zielbahnhof abholen. Diese Güterhallen waren nachts verriegelt. Außerdem boten sowohl die Post als auch private Fuhrunternehmen an, das Stückgut an den Bahnhöfen abzuholen und zum angegebenen Empfänger zu transportieren. Selbstverständlich gegen eine Entlohnung, die sich nach der Entfernung richtete. Diese Methode entwickelte sich alsbald zur gängigen Praxis bei der Verfrachtung von Stückgut.

Dies alles machte das Zugfahren zwar angenehmer, regte aber auch findige Schmuggler alsbald dazu an, dieses Angebot der Eisenbahn für ihre zweifelhaften Geschäfte zu nutzen. Dabei wurde das aus der Schweiz geschmuggelte Saccharin in die unterschiedlichsten Behältnisse verpackt und entsprechend beschriftet an einem Bahnhof zum Weitertransport aufgegeben. Die Angaben zum Inhalt waren teilweise wirklich abenteuerlich und kurios. Das ging von Konserven, Wollsocken, Kleidung, Wagenschmiere über Seife, Hühnerfutter und Stuhlbeine bis zu Kirchenkerzen, Bienenwachs und Porzellan.

Freilich waren die Zollbehörden nach kurzer Zeit auf diese neue Art des Transports von Schmuggelware quer durch Süddeutschland aufmerksam geworden. Aber bei der riesigen Zahl von Stückgut, von Kisten, Schachteln, Koffern und Taschen, die tagtäglich mit der Bahn transportiert wurden oder sich in den Güterhallen stapelten, musste sich eine Kontrolle durch die Zollbehörden zwangsläufig auf eine lediglich stichpunktartige Überprüfung verdächtigen Stückguts beschränken.

So kam beispielsweise im Februar 1905 in Waldkirchen eine schwere Kiste mit der Bahn an. Der Inhalt war mit „Konserven" angegeben worden, aber die Gendarmerie vermutete darin Saccharin aus der Schweiz. Deshalb wurde die Kiste vorsorglich beschlagnahmt und über Nacht in der versperrten Güterhalle verwahrt. Am nächsten Morgen sollte sie im Beisein einer speziellen Kommission geöffnet werden. Als dann tags darauf die Kommission eintraf, stellte sich heraus, dass die Kiste aufgebrochen worden war. Sie war leer. Offensichtlich hatten die Schmuggler auf irgendeine Weise Wind bekommen von der Aktion des Zolls,

*Bahnhof Waldkirchen mit Güterhalle für das Stückgut*

waren in die Güterhalle eingedrungen und hatten den Inhalt der Kiste entwendet. Die Kiste war mit Schweizer Zeitungen ausgelegt, was die Vermutung des Saccharinschmuggels in den Augen der Behörden bestätigte. Die Diebe wurden nicht gefasst.

Besonders intensiv beobachteten Gendarmerie und Grenzbeamte den Reiseverkehr und Stückgutumschlag verständlicherweise an den grenznahen Bahnstationen. Freyung, Waldkirchen, Neureichenau und Hauzenberg wurden deshalb von den Schmugglern gemieden. Zu groß war die Gefahr, hier ertappt zu werden. Also sandten die Pascher ihr Schmuggelgut bahnlagernd an irgendeinen Bahnhof, teilweise weit im Hinterland, in der meist tatsächlich richtigen Annahme, dass hier keine Kontrollen zu befürchten waren. Die Sachen wurden dann mit Fuhrwerken dort abgeholt und in Richtung böhmische Grenze transportiert. Aber auch dieser Trick blieb den Grenzwachmannschaften nicht lange verborgen. In der Folge wurden die Kontrollen weiter ausgedehnt.

So wurden beispielsweise im September 1905 der 21-jährige Häuslerssohn Max S. aus Schnellenzipf in der Gemeinde Leopoldsreut und sein Bruder Heinrich von der Gendarmerie verhaftet, als sie eine große Partie Saccharin mit einem Fuhrwerk an der Bahnstation Schalding abholten, um sie an die böhmische Grenze zu bringen.

An einem Sonntag im Dezember 1905 wurde ein von Passau kommendes Fuhrwerk in der Nähe von Büchelberg angehalten und kontrolliert. Unter einer Plane befanden sich zahlreiche Kisten, Pakete und Schachteln, die der Fuhrmann auszuliefern hatte. Darunter waren auch zwei große Reisekoffer mit Saccharin. Aufgrund der Angaben auf den Gepäckanhängern wurde in Passau die Person verhaftet, die dem Fuhrmann die Koffer übergeben hatte. Geschnappt wurde auch der Krämerssohn Friedrich M. aus Bischofsreut, als er an der Passauerstraße in Waldkirchen die beiden Reisekoffer in Empfang nehmen wollte.

Aus der Sicht eines Schwirzers besonderes Pech hatte der Krämer und Fuhrwerksbesitzer Johann K. aus Bischofsreut. Als er bereits die Grenze nach Böhmen mit seinem Fuhrwerk ohne Beanstandung passiert hatte, gingen seine beiden Pferde durch. Dabei stürzte der Wagen um und mehrere Kisten gingen dabei zu Bruch. Unter anderem auch eine, deren

Inhalt als „Konserven" deklariert war. Die Kiste kam von Konstanz am Bodensee und gelangte mit der Bahn über München nach Freyung. Zollstempel zeigten, dass der Inhalt bereits geprüft und als unbedenklich galt. Pech für Johann K., dass durch den Bruch der Holzkiste Saccharintabletten im Wert von 1700 Mark zumVorschein kamen. Die Ware wurde beschlagnahmt und der Fuhrmann wurde verhaftet. Die im Anschluss durchgeführten Hausdurchsuchungen bei Johann K. und weiteren Verdächtigen, wie Josef W., Johann M. aus Bischofsreut sowie Josef P. aus Marchhäuser, führten zu sieben Verhaftungen.

Insgesamt kam es in den Jahren der Hochzeit des Saccharinschmuggels allein in dem Gebiet, das in etwa dem Umgriff des ehemaligen Landkreises Wolfstein entspricht, zu über 400 Aufgriffen, Festnahmen, Verhaftungen und Hausdurchsuchungen.

Einige Festnahmen wegen Saccharinschmuggels, die unter besonders bemerkenswerten Umständen oder aufgrund kurioser Zufälle stattfanden, sollen hier beispielhaft aufgeführt werden:

Am 7. Juni 1906 sollten am Bahnhof Passau zwei Häuslersfrauen aus Schnellenzipf, die laut Fahrscheinen aus der Schweiz anreisten, von den Zollbeamten kontrolliert werden. Ihre Ankunft wurde von einer Gendarmeriedienststelle in München angekündigt. Als der Zug am späten Abend am Hauptbahnhof Passau einfuhr, hatte sich bereits eine mehrere Mann starke Wachmannschaft am Bahnsteig eingefunden. Die beiden Frauen hatten dies, wohl wegen der Dunkelheit, die draußen herrschte, nicht mitbekommen und waren gerade dabei, ihr schweres Handgepäck und die Reisekoffer aus den Gepäcknetzen zu nehmen, als es am Bahnsteig zu tumultartigen Szenen und zu einer wilden Verfolgungsjagd über die Gleisanlagen kam. Was war geschehen? Zwei Männer, die ebenfalls mit diesem Zug angekommen waren, hatten gerade noch rechtzeitig die wartenden Gendarmen erkannt, ließen ihre Gepäckstücke zurück, sprangen auf der dem Bahnsteig gegenüberliegenden Seite aus dem Waggon und suchten über die Gleisanlagen das Weite. Als die Polizisten dies bemerkten, dachten sie natürlich, dass es sich dabei um die beiden angekündigten Saccharinschmugglerinnen handeln würde, und jagten allesamt den vermeintlichen Schwärzerinnen nach. Die aber verließen

*Mit Postkutschen, hier am Bahnhof in Passau, wurde das Stückgut an die Adressaten ausgeliefert.*

eilends und völlig unbehelligt den Bahnhof und waren mitsamt ihrem Gepäck verschwunden. Die beiden Burschen kamen nicht weit. Sie wurden von den Gendarmen gefasst. Weswegen sie die Flucht ergriffen hatten, ist nicht bekannt. Jedenfalls kam dieser Zufall den beiden Häuslersfrauen zustatten. Bis die Behörden ihre Identität ausgeforscht hatten, war der Süßstoff wahrscheinlich längst jenseits der Grenze gewinnbringend verhökert worden. Die Hausdurchsuchungen brachten jedenfalls nicht den erhofften Erfolg.

Weniger „Glück“ hatte der Zargenschneider Ludwig S. aus Bischofsreut. Als er am 11. Juni 1906 am Bahnhof in Passau des Saccharinschmuggels überführt wurde, hatte er einen elegant gearbeiteten Musterkoffer dabei. Angeblich hatte er sich vergeblich auf Arbeitssuche in der Schweiz aufgehalten und wollte mit den Werkmustern einen zukünftigen Arbeitgeber von seiner Handwerkskunst überzeugen. Bei genauerer Untersuchung des Gepäckstücks fanden sich jedoch unter einem doppelten Boden, raffiniert getarnten Seitenfächern und ausgehöhlten Werkstücken eine Menge kleiner Säckchen mit Saccharintabletten.

# Der „Heuradler"

Es muss so um 1949/50 herum gewesen sein, als in Passau eine Anzahl raffiniert ausgedachter Schmuggelaktionen für Schadenfreude und allgemeine Erheiterung sorgten. In der Tagespresse war davon nichts zu lesen, denn die Zollbehörden setzten so manchen Hebel in Bewegung, um zu verhindern, dass die breite Öffentlichkeit von den peinlichen Geschehnissen erfuhr, damit – zumindest war dies die offizielle Erklärung für die Heimlichtuerei – derlei „unerlaubter Warenverkehr" über die deutsch-österreichische Grenze keine weiteren dreisten Nachahmer fände. Jedoch lag bei Insidern der wohlbegründete Verdacht nahe, dass man die Grenzbeamten vor allzu viel Häme und Spott schützen wollte. Die hatten es nämlich in den ersten Jahren nach dem Zweiten Weltkrieg wirklich nicht leicht. Sie waren wenig beliebt.

Zumindest in Passau war das so, der beschaulichen, eher etwas verschlafenen Stadt an den drei Flüssen mit ihrer immer schon sehr löchrigen Grenze nach Österreich. Ein verhältnismäßig kleiner, nur wenige Quadratkilometer großer Bereich auf der rechten Seite des Inns war und ist bis heute bayerisches Hoheitsgebiet. Bis 1945, und glücklicherweise auch heute wieder, spürte man von einer Grenze zwischen dem bayerischen Passau und den österreichischen Nachbarn herzlich wenig. Es gab immer schon mehrere gut ausgebaute Straßenverbindungen hinüber und herüber. Daneben existierte eine Anzahl von Wegen und Steigen, die von einem Land ins andere führten und gerne von den .Bauern mit ihren Fuhrwerken und von Fußgängern benutzt wurden.

Mit dem Ende des Zweiten Weltkriegs hatte sich dieses gut nachbarliche Verhältnis schlagartig geändert. Zwei politisch grundlegend unterschiedliche Besatzungszonen mit ihren verschiedenen gesetzlichen Bestimmungen stießen jetzt hier aneinander. Für weite Teile der Bevölkerung hüben wie drüben brachte das jede Menge einschneidende Veränderungen mit sich. Viele familiäre Verbindungen und über lange Zeit gewachsene freundschaftliche Beziehungen litten darunter erheblich.

Zumindest in der ersten Zeit nach dem Krieg war ein Grenzübertritt nur möglich, wenn ein triftiger Grund vorlag. Dann mussten Formulare ausgefüllt werden, ein gültiger Reisepass war vorzuzeigen, Zöllner kontrollierten Taschen und Gepäck, ehe die Grenzbeamten nach eingehender Überprüfung einen Stempel mit Hoheitszeichen, Datum und Uhrzeit in den Pass drückten. Nicht selten wurde ein Übertritt aus oftmals schwer nachvollziehbaren Gründen verwehrt.

Schon nach wenigen Jahren entwickelten sich auch deshalb die wirtschaftlichen Gegebenheiten auf beiden Seiten ziemlich unterschiedlich. Zumindest in einigen Bereichen. Was auf österreichischer Seite reichlich vorhanden und damit recht preiswert zu haben war, war in Deutschland noch Mangelware, musste teuer bezahlt werden und war überdies mit einem streng überwachten Ein- beziehungsweise Ausfuhrverbot belegt. Das wiederum waren natürlich die besten Voraussetzungen für einträgliche Schmuggeleien. Nicht wenige Ortskundige transportierten Kaffee, Tabak, Schnaps, Zigaretten, Mehl, Butter, und was halt sonst noch eine einträgliche Rendite versprach, nachts auf einem der vielen Schleichwege über die „Grüne Grenze". Eine erhebliche Anzahl „Grenzer" waren deshalb bei Tag und in der Nacht auf Patrouille, um dem Treiben der Schwärzer Einhalt zu gebieten.

Hinter vorgehaltener Hand wurde damals nicht nur in Passau von allerhand gelungenen Schmuggeltouren berichtet. Mit unverhohlener Schadenfreude erzählte man sich von abenteuerlichen Begebenheiten und geglückten Schwärzereien. Man rieb sich genüsslich die Hände, wenn es jemandem gelungen war, das Zollpersonal auszutricksen. Das Schmuggeln wurde in manchen Kreisen geradezu zum Sport.

Einer, der es diesbezüglich zu bemerkenswertem „Ansehen" brachte, war ein ansonsten unauffälliger, eher bescheidener Mann mittleren Alters. Karl R. wohnte in der Innstadt, war gelernter Schmied und hatte nach seiner Heimkehr vom Krieg bei einem Schlosser drüben in der Stadt Arbeit gefunden. Zu dem kleinen Haus draußen in der Rosenau, das er zusammen mit seiner Familie bewohnte, gehörte ein Garten, dessen Größe es erlaubte, dass man neben einer Schar Hühner und etlichen Stallhasen auch zwei Ziegen halten konnte. In den schlechten Zeiten während und nach dem Krieg war es von großem Vorteil, wenn man sich weitestgehend selbst versorgen konnte. In der Passauer Innstadt und somit auch beim Grenzpersonal war Karl R. durchaus bekannt, weil man ihn immer wieder dabei beobachten konnte, wenn er an den Bahn- und Uferböschungen Gras als Futter für seine Tiere mähte und dann nach Hause schaffte.

So dachten sich auch die diensthabenden Zöllner nichts, als er eines Tages mit dem Fahrrad am Grenzübergang in der flussaufwärts gelegenen Vogelau auftauchte. Seine Papiere waren in Ordnung, und auf die Frage, was er denn vorhabe und was das Ziel seiner „Reise" wäre, antwortete er, dass er auf der Suche nach Futter für seine Hasen und Ziegen sei und deshalb seinen Bruder aufsuchen möchte, der vor Jahren in einen österreichischen Bauernhof eingeheiratet hatte, der nicht weit hinter der Grenze lag. Die familiären Verbindungen und die Örtlichkeiten waren bekannt, man ließ ihn ziehen.

Nach einigen Stunden kam er zurück mit einem auffällig großen, prall gefüllten Rucksack am Buckel und einem weiteren, der am Gepäckträger eingeklemmt war. Der Radfahrer war den Zollbeamten bekannt, seine Papiere waren in Ordnung, aber die riesigen Rucksäcke erregten das Misstrauen der Grenzer. Auf die Frage, was er denn da drinnen habe, antwortete er wahrheitsgemäß, dass er bei seinem Bruder Gras für die „Viecher" geholt habe. Ein Blick in die geöffneten Rucksäcke bestätigte dies. Er durfte die Heimfahrt fortsetzen.

Wenige Tage darauf tauchte er erneut am frühen Abend nach der Arbeit am Grenzübergang in Ingling auf. Wieder die gleichen Formalitäten und Fragen. Nach zwei, drei Stunden kam er mit den zwei auffällig großen Rucksäcken zurück. Diesmal hatte er Heu geladen. Den Grenzbeamten kam das alles schon recht merkwürdig vor, aber ein Blick und ein Griff in das Frachtgut ließen abermals kein Zollvergehen erkennen. Aber als er ein paar Tage später, erneut gegen Abend, mit gleicher Ladung ankam, hatte sich bei den Zöllnern der Verdacht verfestigt, dass da irgendetwas nicht stimmte. Man hieß den Radler absteigen und seine Rucksäcke öffnen. Ein Beamter stocherte mit einem langen Stock im Gras und Heu herum, griff so tief es ging hinein, konnte jedoch nichts Verdächtiges finden. Karl R. durfte die Fahrt fortsetzen.

Irgendetwas wurde hier, raffiniert versteckt, geschmuggelt, davon war man an der Grenze überzeugt. In den darauffolgenden Wochen wiederholte sich in unregelmäßigen Abständen diese Prozedur mehrmals. Jetzt hatte der Radler manchmal sogar einen zweirädrigen Anhänger am Rad befestigt, auf dem sich zwei mit Heu oder Gras vollgestopfte Säcke befanden. Immer intensiver wurde das Frachtgut untersucht. Man ließ ihn die Säcke sogar vollständig entleeren. Aber gefunden wurde nichts. Auch eine Leibesvisitation förderte nichts Verdächtiges zutage. Und so ging es den ganzen Sommer und Herbst hindurch. Eine wirklich zutiefst ärgerliche Angelegenheit für das zurecht argwöhnische Grenzpersonal. Es gelang einfach nicht, dem Mann eine wie immer geartete Straftat nachzuweisen. Dessen Reisepass war mittlerweile mit Stempeln gespickt.

Dann kam der Winter. Vergessen hatte man die verdächtigen Futtertransporte an der Grenze nicht. Im darauffolgenden Jahr wollte man Karl R. noch strenger kontrollieren, um den Mann zumindest zu vergrämen, wenn es schon nicht gelang, ihm ein Zollvergehen nachzuweisen. Doch der erschien weder im darauffolgenden Jahr noch in der Zeit danach mit seinen verdächtigen Futtertransporten an einem Grenzübergang.

Erst mehrere Jahre später rückte Karl R. mit der Wahrheit heraus. Die Zeiten hatten sich inzwischen wieder einigermaßen normalisiert, sodass er mit keiner Strafverfolgung mehr rechnen musste, als er eines Abends in geselliger Runde von seinen Heu- und Grastransporten erzählte. Jetzt gab er verschmitzt zu, dass er tatsächlich geschmuggelt hatte. Und zwar Fahrräder. Mit einem alten Fahrrad fuhr er nach Österreich und mit einem neuen, das sein Bruder drüben erworben hatte, kehrte er zurück. Zur Tarnung wurden die neuen Räder „präpariert", mit Schmutz, Öl und Sand „alt gemacht". Das nahm immer einige Zeit in Anspruch. Alte Räder für die Hinfahrt ließen sich herüben für wenig Geld auftreiben. Heu und Gras lagen beim Bruder immer schon bereit. Mit dem gewaltigen Umfang der Rucksäcke und den wechselnden Gebinden sollten die „Grenzer" auf eine falsche Spur gelenkt werden. Und das war auch geglückt.

Die Räder waren damals in Passau etwa doppelt so teuer wie im benachbarten Österreich. Das war ein einträgliches Geschäft. Aber als dann die Fahrräder herüben ähnlich viel kosteten wie im Nachbarland, war da nichts mehr verdient. Außerdem, so meinte er, sei ihm die Sache ohnedies langsam zu heiß geworden und alte Fahrräder ließen sich auch kaum mehr auftreiben.

## Der Maschinentransport

Relativ kurze Zeit nach dem Zweiten Weltkrieg, als die zwischen den Siegermächten ausgehandelten Verträge und politischen Formalitäten festgelegt waren, begann die mit viel Leid verbundene Vertreibung der deutschstämmigen Bevölkerung aus der Tschechoslowakei, aus deren angestammter Heimat. Eine teilweise bunt zusammengewürfelte Soldateska tauchte in den überwiegend grenznahen Gebieten auf und zwang die betroffenen Bewohner, ihre Häuser und in der Folge auch das Land zu verlassen. Den Leuten räumte man einen von Ort zu Ort unterschiedlichen Zeitraum von etwa dreißig Minuten bis allerhöchstens einer Stunde ein, um das Nötigste zusammenzupacken und dann zu verschwinden. In größter Eile wurden die wichtigsten Unterlagen und Papiere, Kleidung, Wäsche und vielleicht noch das eine oder andere Erinnerungsstück, von dem man sich keinesfalls trennen wollte, in Taschen, Koffer und Rucksäcke gepackt und, so vorhanden, auf Handleiterwägen verstaut. Solche kleinen Wägen wurden in der Regel nur zugestanden, wenn sie zum Transport der Alten, Gebrechlichen, der Gehbehinderten oder kleiner Kinder dienten. Die Bedauernswerten saßen dann eingezwängt zwischen den in aller Eile zusammengeschnürten Habseligkeiten. Ansonsten durfte nur mitgenommen werden, was man tragen konnte. Große Fuhrwerke, gar Zugtiere, überhaupt sämtliches Vieh, mussten zurückgelassen werden. Schmuck, Edelmetalle, Geld und andere Wertsachen durften nicht außer Landes gebracht werden und wurden den Eigentümern abgenommen. Rigoros und nicht selten unter Anwendung roher Gewalt wurde das Befolgen dieser Anordnungen durchgesetzt. Die so ihres Besitzes Beraubten wurden dorfweise in langen Zügen zusammengestellt und unter strenger Bewachung über die Grenze nach Deutschland beziehungsweise Österreich getrieben.

Viele Heimatvertriebene hatten Verwandte oder Bekannte „herüben", bei denen sie zumindest vorübergehend unterkamen. Allerdings war, vor allem in den grenznahen Gebieten, der Wohnraum zwischenzeitlich knapp geworden. In den letzten Kriegstagen trafen ständig Flüchtlinge aus den Ostgebieten ein, die ebenfalls untergebracht werden mussten. So kam es zu einer angeordneten Wohnraumzwangsbewirtschaftung, um zusätzlich jetzt auch noch die Vertriebenen einquartieren zu können. Verständlich, dass diese Maßnahme bei der einheimischen Bevölkerung auf wenig Gegenliebe stieß. Dazu kamen eklatante Versorgungsschwierigkeiten. Dies alles führte vermehrt zu Reibereien zwischen der Bevölkerung und den bedauernswerten Menschen, die ihre Heimat verloren hatten.

Viele von ihnen zogen deshalb, sobald es möglich war, weiter ins Landesinnere. Manche blieben jedoch, begannen sich mit den Gegebenheiten zu arrangieren und sich eine neue Existenz aufzubauen. Vor allem Handwerker waren jetzt gefragt, galt es doch, die mehr oder weniger großen Kriegsschäden zu beheben. Dabei fiel ins Gewicht, dass das Handwerk im Böhmerwald ein vergleichsweise hohes Ansehen genoss. Ursache dafür war unter anderem, dass die Ausbildung der Handwerker „drüben" vorbildlich und stets auf dem neuesten Stand war. So gab es beispielsweise nicht nur in Wallern eine weitum anerkannte Holzfachschule. Auch das handwerkliche Niveau der Schmiede, Schlosser, der Mauerer, Schuhmacher und Stuckateure war hoch. Viele von ihnen verfügten zudem über die modernsten Maschinen und Gerätschaften, wie sie zu dieser Zeit im Bayerischen Wald noch nicht Standard waren. Aber das alles musste zurückgelassen werden, war verloren, wäre jedoch zum Aufbau einer neuen Existenz von großem Vorteil gewesen.

Vor allem dieser schmerzliche Verlust ließ einige findige Handwerksmeister unter den Vertriebenen nach Mitteln und Wegen suchen, um ihre wertvollen Gerätschaften heimlich über die Grenze zu schaffen. Dass ein solches Unternehmen, in Anbetracht der politischen Lage, ein gefährliches Wagnis wäre, war allen, die sich mit derlei Gedanken trugen, vollkommen klar.

Längst hatte man beobachten können, dass eine große Zahl von tschechischen Soldaten damit beschäftigt war, mit Bulldozern und anderem schweren Gerät, im Sperrgebiet, dessen Breite man nicht kannte, die Errichtung von Grenzzäunen voranzutreiben. Allerdings zunächst nur in den Abschnitten, in denen man schnell vorankam – in den Tallagen, auf Wiesen und Ackerflächen. In die dicht bewaldeten Gebiete und die Steillagen der Berghänge waren die Bautrupps noch nicht vorgedrungen. Und genau hier würden sich wahrscheinlich die besten Gelegenheiten bieten, um nachts unbemerkt in die alten heimatlichen Gefilde vorzudringen und zu versuchen, sich bis zum ehemaligen Wohnort durchzuschlagen. Denn zunächst einmal galt es, die jetzigen Gegebenheiten zu erkunden. Man wusste zwar aus mehreren Vorkommnissen, dass die Militärpatrouillen dem in der Zwischenzeit verhängten Schießbefehl gegebenenfalls sofort nachkommen würden, andererseits wäre man den Soldaten durch die präzise Ortskenntnis sicherlich überlegen. Schließlich waren den meisten Grenzbewohnern, zum Teil aus eigener Erfahrung, die alten Schleich- und Schmuggelpfade bekannt. Außerdem war davon auszugehen, dass man hier keine Minen verlegt hatte, zumindest solange die Bautrupps unterwegs waren. Bei all diesen Überlegungen spielte deshalb der Zeitdruck eine entscheidende Rolle. Es war anzunehmen, dass man auf tschechoslowakischer Seite alles daransetzte, die Grenze so schnell wie möglich absolut undurchdringlich zu machen. Mit anderen Worten: Die Zeit drängte.

Um die eigene Sicherheit einigermaßen zu gewährleisten und die Gefahren, die mit einem solchen illegalen Grenzübertritt verbunden waren, zu minimieren, bedurfte es trotz aller gebotenen Eile einer gründlichen Vorbereitung. Ausgerüstet mit Ferngläsern mussten in einem ersten Schritt die Aktivitäten jenseits der Grenze, die Baumaßnahmen, die Bewachung durch das Militär, das Zeitraster der Patrouillengänge und -fahrten ausgekundschaftet werden. Dann sollte sich ein besonders Mutiger als Späher probeweise auf den gefährlichen Weg machen, um abwägen zu können, ob ein Transport von sperrigem Werkzeug und schweren Maschinenteilen überhaupt möglich wäre. Inzwischen galt es, die geeigneten Transportmittel zu beschaffen. Kisten bekamen einen schwarzen Anstrich und wurden mit stabilen Tragegurten versehen; große, feste Rucksäcke und geeignetes Verpackungsmaterial mussten aufgetrieben werden. Vor allem aber musste eine Mannschaft zusammengestellt werden, welche die Voraussetzungen für eine so gefahrvolle

Aktion mitbrachte. Absolute Verlässlichkeit, Stillschweigen gegen jedermann, Mut, Kraft, Ausdauer und möglichst gute Ortskenntnisse waren vonnöten. Außerdem sollten es Leute sein, denen die Maschinen, auf die man es abgesehen hatte, vom eigenen Umgang damit so vertraut waren, dass deren Zerlegung in die Einzelteile sicher, rasch und erfolgreich ablaufen konnte. All dies schränkte den Personenkreis, der für so ein Unternehmen infrage kam, beträchtlich ein.

Eine solche „Wiederbeschaffungsgruppe", wie sich die Männer selbst nannten, machte sich in einer regnerischen Julinacht 1945 auf den Weg in Richtung tschechoslowakische Grenze. Eine für mehrere Tage vorhergesagte Regenperiode hatte man abgewartet, weil die Späher beobachtet hatten, dass die Grenzpatrouillen mit ihren Hunden bei schlechtem Wetter weit weniger aktiv waren. Zu viert waren sie und ganz unterschiedlichen Alters. Angeführt wurde die Gruppe von ihrem Meister, der am Rand eines relativ grenznahen, größeren Ortes „drüben" eine in der Umgebung sehr bekannte und geschätzte Schreinerei betrieben hatte. Außerdem gehörten zu dieser Truppe noch die zwei ältesten seiner Söhne, zwei kräftige junge Burschen, und der so genannte Altgeselle, der sozusagen zur Familie gehörte und zusammen mit den Schreinersleuten die Vertreibung mitgemacht hatte. Ein Hüne von Gestalt, stark, kräftig und mit seinem Fachwissen und handwerklichen Können eine wesentliche Stütze im Betrieb. Er hatte zwar die Fünfzig schon überschritten, aber brachte alle Voraussetzungen mit, die für das Gelingen dieser gewagten Aktion vonnöten waren.

Wenige Tage vorher hatte der Schreinermeister nachts mit größter Vorsicht bereits die Lage erkundet und konnte sich tatsächlich bis auf Sichtweite seinem ehemaligen Anwesen nähern, ohne dass ihm besondere Gefahren aufgefallen wären. Das beruhigte. Mit geschwärzten Gesichtern und dunkler Kleidung übertraten die vier bei Haidmühle die Demarkationslinie. Auf den alten, in aller Regel nur von Wilderern und Schmugglern begangenen Schleichwegen pirschten sie sich entlang der teilweise steil abfallenden Hänge des Dreisesselberges ihrem Ziel entgegen. Zwischendrin immer wieder anhalten, auf Geräusche achten, keine Gespräche, höchstens flüstern, und auch dann nur, wenn es unbedingt nötig war. Trotz all dieser Vorsichtsmaßnahmen kamen sie zügig voran und erreichten schließlich das weite Moor kurz vor ihrem Zielort. Eine weite, offene Fläche dehnte sich vor ihnen aus. Da mussten sie drüber. Wohl der gefährlichste Abschnitt ihres Marsches. Am Waldrand wurde angehalten und die Umgebung einige Zeit beobachtet. Nichts Verdächtiges weit und breit. Das vorangegangene Ausspähen eines einigermaßen sicheren Weges durch den Schreinermeister war jetzt von großem Vorteil. Als einzig mögliche Deckung nutzte er mit seinen Männern das wenige Buschwerk auf den Moorwiesen, das er ausgekundschaftet hatte. Mit aller gebotenen Vorsicht überquerten sie in der gebotenen Eile diese schier nicht enden wollende freie Fläche.

Je näher die vier ihrem alten Heimatort kamen, umso sicherer fühlten sie sich eigenartigerweise. Hier kannten sie sich bestens aus. In einem weiten Bogen umgingen sie die vorgelagerte Bebauung durch einen Wald, der sich unweit des Anwesens den Hang hinaufzog. Als sie an dessen Rand angekommen waren, erblickten sie zumindest schemenhaft das Schreineranwesen, das Wohnhaus und das angebaute Werkstattgebäude. Bis hierher hatte sich der Meister auf seinem Spähgang vor etlichen Tagen schon vorgewagt. Die erste Begegnung mit der verlorenen Heimat nach der schmerzlichen Vertreibung war sehr emotional.

Jetzt fiel es auch den anderen schwer, die aufkommenden Gefühle im Griff zu behalten. Schließlich obsiegte doch die Vernunft, und der Gedanke an die Umsetzung ihres Plans verdrängte die aufgekommenen Emotionen. Erst nachdem sie die Situation längere Zeit beobachtet und nichts Verdächtiges wahrgenommen hatten, schlichen sie sich von hinten an die Gebäude heran.

Trotz aller Dunkelheit bot sich ihnen ein wahrhaft trauriger Anblick. Das miserable Wetter tat ein Übriges. Schemenhaft nahmen sie die eingeworfenen Fensterscheiben im Wohnhaus wahr, einem breit hingelagerten Holzblockbau, wie er in der Gegend üblich war. Der Wind wehte die zerschlissenen Vorhänge durch die Öffnungen. Die Türen standen offen. Beim kurzen Aufflackern der schwachen Lichtkegel ihrer Taschenlampen bot sich den Männern ein gespenstisches Bild. Längere Lichtsequenzen mussten unbedingt vermieden werden, denn die Gefahr, dann entdeckt zu werden, wäre zu groß gewesen. In der Finsternis stießen sie an zertrümmertes Mobiliar, stolperten über Töpfe und Geschirr, traten auf Scherben. Offensichtlich war alles, vielleicht schon mehrmals, durchwühlt worden. Was einigermaßen brauchbar war, hatten die Plünderer mitgenommen. Es fiel den vier Männern schwer, ihre Gefühle im Zaum zu halten.

Ganz anders sah es in der Werkstatt aus. Wie sich trotz der Dunkelheit erahnen ließ, war hier scheinbar alles noch einigermaßen in Ordnung. Wahrscheinlich hatten es die Plünderer vor allem auf Wertgegenstände abgesehen, die sie eher im Wohnhaus vermuteten. Für Maschinen und Werkzeuge hatten sie sich bei ihren Beutezügen offenbar nicht interessiert.

Freilich hatten die vier während der Planungsphase verschiedene Szenarien, mit denen sie hier konfrontiert werden könnten, durchgesprochen, aber mit den Gegebenheiten, auf die sie jetzt stießen, hatten sie nicht gerechnet. Kein Militär, keine Bewachung, kein Mensch weit und breit, und selbst im nahen Ort war kein Licht zu sehen. Das menschliche Vakuum, das durch die Vertreibung zweifellos in großem Ausmaß entstanden war, hatte sich, zumindest bis zu diesem Zeitpunkt, noch nicht wieder gefüllt. Und das Militär, die Soldaten, war an die Grenze zum Bau der Sperranlagen verlegt worden. Genau diese unerwarteten Umstände, diese gespenstische Situation, war der Grund dafür, dass die vier Männer nach intensivem Abwägen einvernehmlich ihre Pläne änderten. Ursprünglich hatten sie vor, noch in derselben Nacht die wichtigsten Teile der Maschinen abzubauen und mit diesen und einigen wichtigen Werkzeugen den Rückmarsch anzutreten. Aber bald schon mussten sie erkennen, dass trotz bester Kenntnis das Zerlegen der Maschinen in der Finsternis sehr schwierig werden würde. Andererseits war aufgrund der unerwarteten Situation, auf die sie gestoßen waren, zu vermuten, dass sich für das ausgeplünderte Haus scheinbar schon längere Zeit niemand mehr interessierte.

Das alles ließ in den Köpfen der Gruppe einen kühnen, unzweifelhaft risikoreichen Plan reifen. Sie entschlossen sich, bis zur kommenden Nacht hier zu bleiben. Beim ersten schwachen Tageslicht nahmen sie zunächst in aller Eile die Gebäude in Augenschein. Die Verwüstungen waren weit schlimmer als bei Nacht vermutet. Daraufhin wurden die anstehenden Aufgaben verteilt. Die beiden jungen Burschen sollten die Zufahrten und die Umgebung beobachten. Würde sich dem Anwesen jemand nähern, so sollten sie dies unverzüglich dem Meister und seinem Gesellen melden, die damit beschäftigt wären, die Maschinen so rasch wie irgendmöglich in ihre Einzelteile zu zerlegen. Dann würde man gegebenenfalls die Falltüre in der Speisekammer öffnen, die steile Treppe in das Gewölbe hinuntersteigen, um hier auszuharren, bis die Luft wieder rein war, oder schlimmstenfalls, bis es finster wurde. Diese Falltüre war von den Plünderern offenbar nicht entdeckt worden. Zum einen wahrscheinlich, weil sie in Farbe und Form den umgebenden breiten Dielenbrettern glich, zum anderen hatten die Plünderer die vollen Marmeladengläser aus den Regalen genommen und am Boden zertrümmert. Dieses pappige Gemisch aus Marmelade und Glasscherben zog sich über den gesamten Boden in dem kleinen Raum und tarnte aber zugleich die Falltüre. Solange keine Gefahr drohte, sollten sich der Schreinermeister und sein Altgeselle ans Zerlegen der Bandsäge und der neuen Abrichthobelmaschine machen. Dieser Plan schien schlüssig und wurde in der Folge schließlich auch umgesetzt.

Gegen Mittag näherte sich in langsamem Tempo ein Militärfahrzeug. Sowohl das Melden der drohenden Gefahr als auch das daraufhin hastige Aufsuchen des Kellerverstecks funktionierte perfekt. Was tun, wenn die Soldaten das Haus durchsuchen und die Falltüre entdecken und öffnen würden? Dann war's das wohl. Beklemmendes Schweigen unten, dröhnende Schritte, verschwommen wahrnehmbares Lachen und gedämpftes Sprechen oben. Schließlich das erlösende Motorengeräusch eines sich entfernenden Fahrzeugs. Nach einigem Zuwarten wagten sich die vier aus ihrem Verlies, erkundeten die Umgebung des Anwesens, und da sich nichts Beunruhigendes ausmachen ließ, setzten sie die Arbeit in aller Eile fort.

Mehrere Stunden vergingen und die Demontage der Maschinen machte überraschend gute Fortschritte. Am frühen Abend, die Dämmerung hatte bereits eingesetzt, kam es dann zu einer weiteren brenzligen

Situation. Unbemerkt hatte sich eine alte Frau über eine der seitlich gelegenen Wiesen dem Schreineranwesen genähert. Für eine Warnung an die beiden „Maschinenzerleger" war es zu spät. Den beiden jungen Männern blieb nichts anderes übrig, als die Szenerie zu beobachten, um gegebenfalls entsprechend einzugreifen. Die Alte hatte einen Strick in der Hand und machte sich im angebauten Stall zu schaffen. Das Pferd, die drei Kühe und die zwei Schweine, die hier gehalten worden waren, hatten längst als willkommene Beute ihren Besitzer gewechselt. Aber ganz offensichtlich hatte es die alte Frau auf das Futter abgesehen. Vielleicht versorgte sie mit dem Heu, das sie als Bündel verschnürt wegschleppte, ihre eigenen Tiere. Sie war bereits am Weggehen, als sie plötzlich stehen blieb, lauschte, sich der Werkstatttüre näherte und durch eines der kaputten, kleinen Fenster einen beunruhigend langen Blick in den Raum warf. Aber dann wandte sie sich ab und machte sich davon. Wahrscheinlich hielt sie die beiden Männer für Plünderer, die jetzt überall ihrem schändlichen Treiben nachgingen. Und solche Leute waren unberechenbar, man ging ihnen besser aus dem Weg.

Als es dann langsam dunkler wurde, machten sich die vier Männer, vor allem, um ein verräterisches Scheppern und Klirren beim Rückweg zu vermeiden, ans Verpacken der ausgesuchten Einzelteile. Die beiden Elektromotoren, die Sägeblätter, Antriebsräder, Transmissionsriemen und Werkzeuge wurden so verteilt, dass jeder der vier Männer so viel zu tragen bekam, wie er in der Lage war, zu schleppen. Zum Ausruhen blieb nicht viel Zeit, ehe man kurz nach Mitternacht den Rückmarsch antrat. Bei fortwährendem leichten Nieselregen und im Schutz vereinzelter, durchaus willkommener Nebelschwaden über dem Moor ging es, so rasch es die schwere Last erlaubte, zurück in Richtung Grenze.

Zum Glück hatten die vier gerade die Moorwiesen überquert und ließen erschöpft, aber vorsichtshalber gut versteckt hinter dichtem Buschwerk, ihr schweres Transportgut auf den Boden sinken, als unvermittelt grelle Suchscheinwerfer über die freie Fläche huschten. Sofort legten sich die Männer flach auf den Boden zwischen die dichten Heidelbeersträucher und beobachteten sorgenvoll das Geschehen draußen im Moor. Ein Streifenfahrzeug war unterwegs und leuchtete die Ebene ab.

Hatte die alte Frau etwa doch die Grenzpolizei von ihren Beobachtungen unterrichtet? Obwohl die Gruppe von den Scheinwerfern nicht erfasst worden war und das Fahrzeug schließlich kehrtmachte, verharrten die vier Männer vorsichtshalber noch einige Zeit in ihrem Versteck.

Als sie ihre Last wieder aufnahmen, schien diese auf dem weiteren, beschwerlichen Marsch auf den schmalen Schmugglersteigen immer schwerer zu werden. Immer häufiger mussten die Säcke und Kisten abgesetzt und kurze Pausen eingelegt werden. Schon allein deswegen, aber auch weil zunehmend größte Vorsicht geboten war, näherte man sich nur sehr langsam der Grenze. Als man diese dann endlich hinter sich hatte, war die Erleichterung groß.

Vor Wochen schon hatten die Schreinersleute an einer geeigneten Stelle im Wald, neben einer Forststraße, eine Grube ausgehoben. Ein Versteck, in das nun das Transportgut bugsiert und mit den zurechtgelegten Ästen und Zweigen abgedeckt wurde. Am darauffolgenden Tag kreuzte ein Lastauto hier auf und transportierte die Teile dorthin, wo die Schreinerfamilie untergekommen war. Dort aufgebaut, leisteten sie einen großen Beitrag zur Existenzgründung eines Schreinereibetriebes, der hier, in der neuen Heimat, wegen seiner qualitätvollen Arbeit alsbald großes Ansehen genoss.

Übrigens haben die vier Männer diese „Maschinen- und Werkzeugrückholaktion" noch einige Male wiederholt und damit erstaunlich viel von ihrem eigentlichen Eigentum wieder in ihren Besitz gebracht. Als sich dann jedoch die Lücken in der Grenzbefestigung geschlossen hatten, war endgültig Schluss damit.

Vor allem unter den Heimatvertriebenen hatten sich diese „Rückholaktionen" rasch herumgesprochen. Es gab eine ganze Anzahl Nachahmer. So ist beispielsweise bekannt, dass ein Schuster, der nach der Vertreibung mit seiner Familie unweit der Grenze in Österreich gelandet war, auf ähnliche Weise sowohl seine beiden Leder-Nähmaschinen als auch einen ansehnlichen Teil seines Ledervorrates wieder in seinen Besitz bringen konnte. Ähnliches wird von einem Schmied und einem Schneider berichtet, die sich im südlichen Landkreis Freyung-Grafenau niederließen.

## Das Porträt

Eigentlich hatte der Benike Roland in Prag Malerei studiert. Nach dem Krieg war er als Heimatvertriebener mit Frau und Kind in Passau gelandet. In der ersten Zeit wohnten die drei in einem ausrangierten Eisenbahnwaggon. Dieser Wagen war zwar, wie groß und deutlich an seiner Außenwand zu lesen war, „Eigentum der Österreichischen Staatsbahnen", war aber hier nach dem Krieg auf dem Lokschuppenareal abgestellt worden. Die Benikes hatten, wie viele andere auch, alles verloren, waren wirklich arm dran, es ging ihnen ausgesprochen schlecht. Arbeit für einen Künstler gab es in der Nachkriegszeit kaum. Gelegentlich konnte Benike bei der Bahnmeisterei als Aushilfe einspringen, um Diensträume auszumalen oder einfache Anstreicherarbeiten durchzuführen. Er war flink und erledigte das, was man ihm auftrug, exakt. Seine Kollegen bewunderten ihn, weil er beispielsweise mit freier Hand wunderbare Bordüren malen konnte, wie sie damals als Abschluss über den getünchten Wandflächen knapp unter der Decke üblicherweise gezogen wurden. Stets hatte er seinen Skizzenblock dabei, und zur Brotzeit, wenn die anderen ihre Mahlzeit verdrückten, setzte er sich etwas abseits und porträtierte seine Arbeitskollegen. Und er traf sie perfekt. Die Ähnlichkeit war immer wieder verblüffend. Wenn man ihn darum bat, schenkte er die kleinen Kunstwerke den „Modellen". Benike war bescheiden, aber sein Können sprach sich rasch herum.

Im Dezember 1948 war es, da sollte mit den Malerarbeiten die Renovierung der im Krieg arg beschädigten Dienstwohnung des Bahnhofsvorstehers abgeschlossen werden. Weihnachten musste sie bezugsfertig sein. Es eilte, und so holte man Roland Benike dazu. Paul Kreuzer, der Bahnhofsvorsteher, war ein älterer, angesehener Herr. Er war unter anderem zuständig für den Personen- und Güterverkehr ins benachbarte Österreich. Passau war Grenzbahnhof, und im zentralen Hauptgebäude waren sowohl die deutschen als auch die österreichischen Zoll-, Grenz-, und Eisenbahnbehörden untergebracht. Alles unter einem Dach. So kurz nach dem Krieg gelegentlich eine ziemlich verwirrende Angelegenheit, weil die Zuständigkeiten offensichtlich noch nicht eindeutig geregelt waren. Kompetenzgerangel blieb nicht aus. Die Zollkontrollen waren so kurz nach dem Krieg noch sehr streng und umfangreich.

Herr Kreuzer hatte einen ausgesprochen verantwortungsvollen Arbeitsbereich. Gelegentlich kam er aus seinem benachbarten Büro herüber und sah nach, wie es denn mit der Arbeit voranging. Bei einem dieser Besuche zur Mittagszeit wurde er auf Benikes Begabung, Menschen zu porträtieren, aufmerksam. Er sprach ihn darauf an, und bald schon unterhielten sich die beiden angeregt über Malerei und Kunst, für die sich Herr Kreuzer immer schon interessiert hatte. Die Gespräche wurden im Laufe der folgenden Tage häufiger und immer länger. Bald wusste er über den armen Schlucker und seine Familie recht gut Bescheid. Benike tat ihm leid, und deshalb fragte er ihn eines Tages, ob er bereit wäre, ein Porträt zu malen, sozusagen als Weihnachtsüberraschung für seine Frau. Natürlich sagte dieser freudig zu. Er war glücklich über den Auftrag, wusste er doch, dass er nach Abschluss der Arbeiten, in ein, zwei Wochen wieder ohne Arbeit und damit ohne regelmäßiges Einkommen dastehen würde.

Die Person, die porträtiert werden sollte, könne man aus dem Fenster seines Dienstzimmers gut erkennen, meinte Paul Kreuzer. Also wechselten die beiden in den angrenzenden Raum und blickten hinunter auf den Bahnhofsvorplatz. Der war, trotz des vielen Schnees, der in den letzten Tagen gefallen war, dicht bevölkert. Damals fuhren noch, in Ermangelung anderer Möglichkeiten, sehr viele Leute mit dem Zug. „Sehen Sie dort unten die Frau mit dem Kinderwagen? Wenn sie die für mich porträtieren könnten! Und natürlich auch unser kleines Gänschen im Wagen!“ Und genau dieses Wort „Gänschen“ war der Auslöser für alle folgenden Verwicklungen. Auf dem Platz da unten mühten sich mehrere Frauen mit Kinderwägen durch den Schnee. Unter anderem auch die stadtbekannte, etwas schrullige, leicht verwirrte, aber absolut harmlose „Neustifter Rosl“. Sie war ein Original, sang immer leise vor sich hin, war ziemlich abgerissen gekleidet, trug Sommer wie Winter eine Wärmflasche um den Bauch gebunden und schob stets einen alten, vergammelten Kinderwagen vor sich her. In diesem fuhr sie neben allerhand Utensilien, wie Schachteln und diversen Tüten, sozusagen als ihr Markenzeichen, eine große, ausgewachsene Gans spazieren.

Für Benike war, ausgelöst durch das Wort „Gänschen" klar, dass es sich nur um das besagte Gespann der „Neustifter Rosl" handeln konnte. Eigenartig kam es ihm natürlich schon vor, dass Frau Kreuzer zu Weihnachten ausgerechnet ein Porträt von dem ungleichen Paar bekommen sollte. Aber die Geschmäcker sind nun mal verschieden, dachte er, und außerdem wollte er den Auftrag nicht durch neugieriges Fragen gefährden. Und so verfolgte er diese eigenartige Gruppe mit den Augen des Künstlers und dachte bereits intensiv über Komposition, Aufbau und farbige Gestaltung des Bildes nach. Aber dadurch überhörte er völlig Herrn Kreuzers weitere Beschreibung zur besseren und eindeutigen Identifizierung seiner Tochter und der über alles geliebten Enkeltochter Franziska, die er liebevoll mit dem Kosenamen „Gänschen" bedacht hatte.

Schnell war man sich über den Preis einig. Das Bild sollte am Nachmittag des Heiligen Abends geliefert werden. Voller Freude erzählte Benike seiner Frau von dem Auftrag und davon, dass dafür einiges Geld zu erwarten wäre. Immerhin so viel, dass Weihnachten gerettet wäre, und sie solle versuchen, Fleisch und Wurst für den Heiligen Abend zu bekommen.

In der Hoffnung auf eventuelle Anschlussaufträge kaufte Benike vom letzten Geld Ölfarben, die in diesen Zeiten ohnedies schwer aufzutreiben waren. Tags darauf versuchte er die „Neustifter Rosl" mitsamt Kinderwagen und „Gänschen" für mehrere Sitzungen zu engagieren. Das gestaltete sich angesichts der leichten Verwirrtheit der zu Porträtierenden als nicht ganz einfach. Aber nach einigem Zureden klappte es dann doch.

Ein Abteil des Waggons hatte sich der Künstler als kleines Atelier eingerichtet. Hier saß ihm also in den folgenden Tagen die „Rosl" mit ihrem gesamten Hab und Gut Modell. Er malte sie in Öl, kam zügig voran und eigentlich klappte alles soweit ganz gut. Lediglich der monotone Singsang des Modells und das zeitweise Geschnatter der Gans gingen ihm gelegentlich auf die Nerven. Noch ärgerlicher, aber durchaus verständlich, war das Klagen seiner pragmatisch denkenden Frau. Wie, bitteschön, sollte sie Fleisch und Wurst besorgen, wenn er doch den Lohn für seine Arbeit erst am Heiligen Abend bekäme, wenn die Geschäfte längst geschlossen hätten? Und so entschloss sich Benike wenige Tage vor dem Fest, Herrn Kreuzer mit sowohl eindringlichen als auch eher lustig gemeinten Worten um einen Vorschuss zu bitten. Und weil ihm das eigentlich höchst peinlich war und er dem Bahnhofsvorsteher dabei nicht in die Augen blicken wollte, machte er das lieber schriftlich.

Was er da las, löste bei Paul Kreuzer blankes Entsetzen aus:

*Sehr geehrter Herr Kreuzer!*
*Ich komme mit dem Porträt gut voran, und das Bild wird am Heiligen Abend pünktlich geliefert. Die Ähnlichkeit ist sehr groß. Ihre Frau wird die beiden sofort wiedererkennen. Deshalb möchte ich Sie um einen kleinen Vorschuss bitten, von dem meine Frau Essen für die Weihnachtstage einkaufen könnte. Wahrscheinlich ist es der Hunger, der mich den Inhalt des Kinderwagens am liebsten schlachten und braten ließe. Oft ertappe ich mich während der Arbeit bei dem Gedanken, dass wir von dem Gänschen gut und gerne eine ganze Woche leben könnten. Das Wasser läuft mir im Mund zusammen, denke ich an den Braten, die geschmorte Leber oder das zarte Brüstchen. Deshalb, verehrter Herr Kreuzer, bitte ich Sie um einen Vorschuss, wenn Sie nicht wollen, dass ich meinen Wahnvorstellungen erliege und das Gänschen demnächst erwürge und verspeise.*

*Mit freundlichen Grüßen*
*Ihr Roland Benike*

Zunächst war Paul Kreuzer aschfahl geworden, dann wurde ihm übel. Er setzte sich und wählte mit zitternden Fingern die Nummer der Bahnpolizeistation.

Ein Großaufgebot von deutschen Polizisten umstellte drei Tage vor Weihnachten 1948 einen Eisenbahnwaggon vor dem alten Lokschuppen, um einen vermeintlichen Kindesmord zu verhindern. Stürmen durften sie den Wagen nicht. Das erledigten aus Gründen der Zuständigkeit

Beamte der österreichischen Bahnpolizei. Man war sich nämlich nicht sicher, ob es sich bei dem Waggon nicht doch sozusagen um österreichisches Hoheitsgebiet auf Rädern handeln würde, und politische Verwicklungen wollte man auf jeden Fall vermeiden. Benike, der zunächst überhaupt nicht begriff, wie ihm geschah, wurde verhaftet und in Handschellen abgeführt.

Aber nach verhältnismäßig kurzem Verhör und nach der Begutachtung der zahlreichen Zeichnungen und Vorstudien wurde er wieder auf freien Fuß gesetzt. Das Ölbild, das die „Neustifter Rosl" samt Zubehör zeigte, war prächtig gelungen. Es war zwar nicht das erwartete Porträt, aber die Kreuzers erwarben es trotzdem und erteilten gleichzeitig den Auftrag zum Porträtieren des richtigen Modells, der Tochter mit Enkelin Franziska, liebevoll „Gänschen" genannt. Und damit war das Weihnachtsfest der Benikes gerettet. Die Begebenheit wurde schnell zum Stadtgespräch. Man amüsierte sich köstlich über diese Verwechslung. Letztlich war das ganze Geschehen aber dann der Auslöser für die erhofften Anschlussaufträge.

## Beim Skifahren verhaftet

Wenn sich die Grenzen zwischen den Ländern über lange Zeiträume nicht wesentlich ändern, dann sind es die Menschen, die in den grenznahen Gebieten leben, gewohnt, sich mit dieser besonderen Situation entsprechend zu arrangieren. Unter normalen Umständen entwickeln sich im Laufe der Zeit über die Grenze hinweg vielfältige Beziehungen. So wurde immer schon hinüber und herüber geheiratet, gab es trotz aller Zoll- und Grenzbestimmungen einen regen Handel zwischen den Ländern. Im Dreiländereck, rund um den 1312 Meter hohen Dreisesselberg, dort wo Deutschland, Österreich und Tschechien aneinander grenzen, war das nicht anders.

Allerdings änderte sich dies mit dem Ende des Zweiten Weltkriegs grundlegend. Zumindest in den ersten Jahren nach 1945 war sogar ein legales Passieren der Grenze nach Österreich ziemlich schwierig geworden. Selbst die ganz normalen Passkontrollen, vor allem aber das Mitführen von Waren, unterlagen jetzt strengen Zollbestimmungen. Vergehen wurden hart geahndet. Die Grenze zur damaligen Tschechoslowakei jedoch war absolut dicht gemacht worden. Das östliche Nachbarland war von heute auf morgen hermetisch abgeschlossen, hatte den vermeintlich dichten „Eisernen Vorhang“ mit lautem Rasseln heruntergelassen.

Zwar blieb in dieser Gegend der uralte Grenzverlauf weitestgehend unangetastet, jedoch sollten schier unüberwindbare Sperranlagen und Grenzsicherungsmaßnahmen die Ostblockstaaten an deren westlicher Außengrenze von den benachbarten Ländern abschotten. Dort, wo die Topographie es erlaubte, wurden hohe, elektrisch geladene und mit Stacheldraht bewehrte Metallzäune in mehrfacher Reihe durch die Landschaft gezogen, wurden Wachtürme errichtet, schlug man breite Schneisen durch die Wälder, auf denen Militärfahrzeuge patrouillierten. Stacheldrahtverhaue und sogar Bodenminen sollten jegliche Art von illegalem Grenzübertritt verhindern. Um ein freies Schussfeld zu gewährleisten wurden viele grenznahe Dörfer und Bauernhäuser dem Erd-

*Dreisessel, Grenzstein (um 1942)*

boden gleichgemacht, nachdem die Bewohner vertrieben worden waren. Außerdem sollten diese Maßnahmen die ehemaligen Besitzer der Anwesen von einer Rückkehr in die alte Heimat abhalten. Das Leid der Betroffenen und der kulturelle Schaden waren enorm.

Die Installation derart aufwändiger Grenzanlagen war jedoch an den relativ steilen, von Felsformationen durchzogenen und dicht bewaldeten Hängen des Dreisesselberges nicht möglich. Auf deutscher Seite zeigten weiß-blau gestreifte Metallpfosten den Grenzverlauf an. Insbesondere in den Abschnitten, wo viel begangene Wanderwege unmittelbar an der Grenze verliefen, warnten in dichter Folge zusätzliche Hinweisschilder eindringlich vor einem unbedachten Überschreiten der Grenze.

In dieser Hinsicht weist gerade der Gipfelbereich dieses Berges eine Besonderheit auf. In unmittelbarer Nähe des Dreisessel-Schutzhauses reicht nämlich in einem extrem spitzen Winkel das tschechische Hoheitsgebiet bis knapp an die Felsformation mit den drei in den Stein gemeißelten Sitzmulden heran. Ein alter Grenzstein markiert hier auch heute noch diesen Eckpunkt. Bis etliche Jahre nach Kriegsende begrenzten massive Planken und Stacheldraht diesen eigenartigen Grenzzwickel, auf dem sich eine Hütte befand, in der sich tschechisches Wachpersonal aufhalten konnte. Wer damals zum Dreisesselhaus gelangen wollte, der musste um dieses Hindernis herumgehen und die Engstelle zwischen Fels und Grenzstein passieren. Für Fußgänger war dies möglich, für Fahrzeuge nicht.

Zumindest in der Nachkriegszeit kam es hier immer wieder einmal zu Zwischenfällen und auch zu Verhaftungen, wenn Wanderer aus Unachtsamkeit, oder aber auch als eine Art Mutprobe, diesen schmalen Streifen tschechischen Hoheitsgebiets durchschritten. Diese problematische

*Skifahrer am Dreisessel (um 1938)*

Grenzsituation verschärfte sich zusätzlich noch, wenn im Winter der Schnee so hoch lag, dass die Grenzmarkierungen nicht mehr zu sehen und die Warnschilder unter der Schneedecke verborgen waren. Dann konnte es durchaus gefährlich werden. Eine Situation, die unter anderem Vater und Sohn einer mit uns befreundeten Familie zum Verhängnis wurde.

Bereits in den frühen 1930er Jahren hatte auch Deutschland ein regelrechter Ski-Boom erfasst. Viele Leute fanden Spaß am Skifahren, einer Wintersportart, die ihren Ursprung in Norwegen hatte. Dabei spielte die Eisenbahn eine entscheidende Rolle, als sich vor allem junge Leute so rasch und in so großer Zahl für diesen neuartigen Wintersport interessierten. Seit dem Ende des 19. und bis kurz nach Beginn des 20. Jahrhunderts hatte die Eisenbahn mit einem relativ dichten Netz selbst die entlegensten Winkel des Landes erschlossen. Die Skifahrer konnten jetzt an den Wochenenden problemlos in die Gebirgsregionen gelangen und dort ihrem sportlichen Vergnügen nachgehen. Extra-Fahrten mit Wintersportzügen wurden eingerichtet. So verkehrte bald schon regelmäßig in den Wintermonaten so ein Zug auch zwischen Passau und Haidmühle.

Während des Krieges kam diese Attraktion aus verständlichen Gründen zum Erliegen. Aber als sich dann unser Land von den Wirren des Krieges und seinen Folgen einigermaßen erholt hatte, es den Menschen langsam wieder besser ging und sich in den frühen 1950er Jahren die Anfänge der Wirtschaftswunder-Jahre abzeichneten, stieg auch wieder das Interesse an der Gestaltung der Freizeit. Dabei erinnerte man sich auch der Wintersportzüge, wie sie vor dem Krieg zwischen Passau und dem Dreisesselgebiet eingesetzt waren.

Die Abfahrt erfolgte an den Sonntagen in den Wintermonaten um 6 Uhr früh vom Hauptbahnhof in Passau. Manchmal waren es an die 400 Skifahrer, die sich mit ihren langen Holzbrettern und den Bambusstöcken einfanden. Die selbstgestrickten Mützen, Handschuhe und Socken, ein Wollpullover, darüber ein dicker Walkjanker, und eine kräftige, weite Hose schützten vor Kälte und Feuchtigkeit. Die Füße steckten in den damals üblichen, ziemlich weichen Skischuhen, und im Rucksack befand sich neben einer Thermoskanne mit Tee eine mehr oder weniger üppige Brotzeit.

*Warten auf den Skizug*

Es war eine skibegeisterte Truppe, die in den frühen Morgenstunden, noch bei Dunkelheit, den Sonderzug bestieg und es sich gemütlich machte in den alten Schnellzugwaggons aus der Vorkriegszeit. Wie schon einige Male in diesen Jahren gehörten mein Vater und ich an einem Sonntag Ende Januar 1953 auch zu den Fahrgästen, zusammen mit einem Arbeitskollegen meines Vaters und dessen Sohn Werner, der in etwa so alt war wie ich. Unsere Familien waren befreundet und das Brettlvergnügen war noch weit größer, wenn ein Schulkamerad mit von der Partie war. Allerdings waren die beiden keine besonders guten Skifahrer.

Pünktlich um 6 Uhr setzte sich die schwere Dampflokomotive zischend und pfauchend in Bewegung. Um die zwei Stunden dauerte die kurzweilige Fahrt von Passau, über Röhrnbach, Waldkirchen, Jandelsbrunn, Neu- und Altreichenau, bis nach Frauenberg am Fuße des Dreisesselberges. An sämtlichen Haltestellen waren weitere Skifahrer zugestiegen. Die Züge waren meist voll besetzt und die Stimmung in den Waggons war immer bemerkenswert heiter und fröhlich. Wahrscheinlich weil man sich auf das bevorstehende Skivergnügen freute, vielleicht kam aber damit auch die wieder gewonnene Lebensfreude zum Ausdruck. Schließlich hatte man den noch gar nicht so lange zurückliegenden Krieg heil überstanden, die politische Lage hatte sich entspannt und grundlegend zum Positiven gewandelt, die Menschen hatten ihre Freiheit wieder und die ersten zarten Anzeichen der beginnenden Wirtschaftswunder-Zeit ließen auf ein sorgenfreies Leben hoffen. Kurzum, alles war guter Laune und niemand konnte ahnen, wie dramatisch dieser Skiausflug enden würde.

Zusammen mit fast allen anderen Skifahrern verließen wir vier an der Haltestelle Frauenberg den Zug, der bis zur Endstation nahe der Grenze in Haidmühle weiterfuhr. Jetzt begann der anstrengende, bei uns Buben wenig beliebte Aufstieg zum Dreisessel. Gut 400 Höhenmeter galt es, zu überwinden. In einer langen Schlange, einer hinter dem anderen, stapften wir mit den geschulterten Skiern durch den Schnee bergan. Gut für die Kondition, aber ausgesprochen anstrengend und schweißtreibend. Die Schnellen, die jungen kräftigen Burschen und die durchtrainierten Sportler spurteten voraus. Soweit es möglich war, nutzte man dabei die festgefahrenen Bahnen, die die Holzhauer mit ihren schweren Zugschlitten beim Abtransport der Baumstämme in den tiefen Schnee gezogen hatten.

Bei einigermaßen normalen Bedingungen kamen dann am späten Vormittag auch die Letzten am Schutzhaus an. Die besonders Sportlichen machten sich sofort auf den Weg zur Abfahrt auf der extra vom Forst ausgeholzten Schneise hinunter nach Frauenberg. Schließlich wollten sie nach einem weiteren Aufstieg die Abfahrt ein zweites Mal schaffen. Die übrigen „Normalskifahrer“, zu denen auch wir zählten, suchten zunächst einmal die Gasträume im Dreisesselhaus auf, um sich von den Anstrengungen des Aufstiegs zu erholen. Die mitgebrachten Getränke und die Brotzeit durften damals noch in der Gaststätte verzehrt werden.

Am frühen Nachmittag brachen wir dann auf. Dieses Mal hatten wir vor, auf dem schmalen Weg entlang der Grenze nach Haidmühle abzufahren. Über Mittag hatte es zu schneien begonnen und die gesamte

Gipfelregion steckte jetzt in den Wolken. Die Sicht war ziemlich schlecht geworden. Hier oben lag wesentlich mehr Schnee als unten in den Tallagen. Die weiß-blau gestrichenen Metallstangen, die den Grenzverlauf anzeigten, lugten kaum mehr aus den Schneemassen hervor. Manche waren zur Gänze verschwunden. Das erschwerte natürlich die Orientierung erheblich. Als sehr guten Skifahrer und erfahrenen Bergsteiger veranlasste dies alles meinen Vater, die Abfahrtspläne zu ändern. Er schlug vor, die kurze Strecke, die wir bereits zurückgelegt hatten, wieder zurückzusteigen und lieber die sichere Schneise für die Talfahrt zu benützen. Das Risiko, in den weiten Wäldern und den verschneiten Freiflächen die Orientierung zu verlieren und aus Versehen über die Grenze zu geraten, schien ihm zu groß.

Aber trotz aller Vorbehalte wollte Werners Vater nicht vom ursprünglichen Plan abrücken. Mag sein, dass er vielleicht das Zurücksteigen auf Ski durch den hohen Schnee scheute. Jedenfalls führte er an, dass er diese Strecke gut kenne, da er sie schon etliche Male im Sommer gegangen und auch im Winter abgefahren sei. Er ließ sich nicht umstimmen. Und so trennten wir uns. Eine folgenschwere Entscheidung, wie sich später herausstellen sollte.

Vater stapfte mit mir also zurück. Das war reichlich mühsam. Wir waren zwar noch nicht allzu weit abgefahren, aber der pulvrige Schnee lag hoch und es ging ziemlich steil bergauf. Außerdem war ich nicht gerade begeistert von der Entscheidung, schließlich hatten wir Buben uns vor allem auf die gemeinsame Talfahrt gefreut. Nicht gerade in Hochstimmung fuhr ich jedenfalls mit Vater über die recht schmale, bucklige Schneise ab. Unten ging es dann noch über weite Wiesen in gemächlicher Fahrt zur Bahnhaltestelle.

Wind war aufgekommen, der Schneefall war stärker geworden und die Dämmerung hatte eingesetzt. Um die Zeit bis zur Ankunft des Zuges aus Haidmühle nicht draußen in der Kälte verbringen zu müssen, verbrachten wir, zusammen mit vielen anderen Skifahrern, diese Zeitspanne in der nahen Bahnhofsrestauration. Ein mächtiger Kachelofen verströmte hier wohlige Wärme. Müdigkeit machte sich nicht nur bei mir breit. Als wir dann kurz vor der planmäßigen Abfahrt des Skizuges am

Bahnsteig standen, kroch die Kälte erst so richtig unter die feuchte Kleidung. Erst als mich dann die Wärme in den oftmals überheizten Waggons umfing und wenn ich es mir in den weichen Sitzpolstern gemütlich gemacht hatte, wurde es so richtig angenehm. Bald schon fielen mir die Augen zu und selbst das Geplauder und fröhliche Lachen der Fahrgäste hinderte mich nicht daran, bis Passau durchzuschlafen.

Natürlich hatte Vater versucht, seinen Freund und dessen Sohn ausfindig zu machen. Aber da nicht alle Waggons so miteinander verbunden waren, dass man während der Fahrt von einem zum anderen Wagen gelangen konnte, blieb die Suche erfolglos. Also warteten wir beide nach der Ankunft des Zuges in Passau am Bahnsteig, bis die letzten Passagiere ausgestiegen waren, um uns von den Freunden zu verabschieden. Aber die zwei waren nicht dabei.

Und jetzt ging es so richtig los. Vater setzte sofort alle Hebel in Bewegung, um dem Verbleib der beiden nachzuspüren. Als Bahnmeister war es ihm möglich, über die Diensttelefone Erkundigungen einzuziehen. Keiner der Bahnhofsvorsteher entlang der Strecke hatte die zwei gesehen. Zuhause hatten sie sich auch nicht gemeldet. Man bangte um ihr Leben. Werners Mutter war kaum zu beruhigen.

Entweder hatten sich die beiden verirrt oder sie waren über die Grenze geraten und verhaftet worden. Aber auch in den Polizei- und Grenzdienststellen in Haidmühle und Umgebung waren keine entsprechenden Meldungen eingegangen. Eine Kontaktaufnahme über die Grenze hinweg, wie sie heute wieder ganz normal ist, war damals sehr schwierig. Die ganze Nacht über wurde telefoniert, Abgeordnete und Vertreter der Regierung wurden um Hilfe gebeten. Zunächst blieben sämtliche Bemühungen erfolglos. Die Ungewissheit war zermürbend. Bereits in den frühen Morgenstunden brachen Suchtrupps auf und gingen die Strecke zwischen Haidmühle und der Gipfelregion ab. Aber Wind und Schnee hatten die Spuren von Vater und Sohn längst zugedeckt.

Erst am Nachmittag des darauffolgenden Tages traf dann die erlösende Nachricht ein, dass Vater und Sohn am Leben, jedoch in tschechischem Gewahrsam wären. Entsprechend den tschechischen Gesetzen würde man die beiden wie Spione behandeln müssen, wurde von offizieller Stelle jenseits der Grenze erklärt. In den nächsten Tagen sollten sie verhört werden und danach würde sich das zu erwartende Strafmaß richten. Weitere Auskünfte dürfe man nicht geben und weitere Nachfragen wären sinnlos.

Jetzt begann eine sehr belastende Zeit des Wartens. Man hatte von scheußlichen Zwangsmaßnahmen gehört, Leute seien gefoltert und jahrelang eingesperrt worden. Vermutungen, Gerüchte und Geschwätz machten die Runde. Endlich nach zwei Wochen traf die erlösende Nachricht ein, dass es von hoher politischer Seite gelungen war, die beiden frei zu bekommen. Sie würden am Grenzübergang in Haidmühle vom tschechischen Militär der deutschen Grenzpolizei überstellt werden. Der Übergabezeitpunkt würde aus taktischen Gründen nicht öffentlich gemacht werden. Die Überstellung klappte tatsächlich reibungslos. Vater und Sohn wurden an der Grenze von einem Notarzt in Empfang genommen und zunächst mit einem Sanka ins Krankenhaus transportiert. Als sie dann heimkamen, waren ihre Hände dick verbunden, aber ansonsten waren sie bei guter Gesundheit.

Bei den folgenden Vernehmungen durch die bayerische Grenzpolizei stellte sich heraus, dass Werner und sein Vater tatsächlich von der Strecke abgekommen und unbeabsichtigt weit ins Nachbarland geraten waren. Auf der Suche nach dem richtigen Weg waren sie von einer tschechischen Patrouille aufgegriffen und in die nächstgelegene Kaserne verfrachtet worden. Dort wurden sie abwechselnd mehrmals verhört und in eine Zelle gesperrt. Sie seien durchaus anständig behandelt worden, berichteten die beiden und erhielten auch genügend zu essen. Allerdings mussten sie täglich den Schweinestall ausmisten und die übrige Zeit Holz hacken. Das gab bald schon Blasen und Wunden. Deshalb die verbundenen Hände.

Wir vier waren in den folgenden Jahren noch mehrfach im Skigebiet Dreisessel, aber die Nähe der Grenze wurde tunlichst gemieden. Als sich dann gegen Ende der 1950er Jahre immer mehr Leute ein eigenes Auto leisten konnten, war auch die Zeit der Wintersportzüge von Passau ins Dreisesselgebiet vorüber.

# Der „Eiserne Vorhang"

Die Grenze zur Tschechoslowakei, wie zu allen anderen Ostblockstaaten auch, war seit dem Ende des Zweiten Weltkriegs bis zu ihrer lang ersehnten, neuerlichen Öffnung gegen Ende des 20. Jahrhunderts absolut dicht. Sie machte mit ihren elektrisch geladenen Zäunen, dem Stacheldrahtverhau, den gerodeten, teilweise verminten Todesstreifen und den Wachtürmen dem Begriff „Eiserner Vorhang" alle – unrühmliche – Ehre. Die über die Jahrhunderte gewachsenen familiären, gesellschaftlichen und wirtschaftlichen Verbindungen waren damit zerstört, abgebrochen, nicht mehr vorhanden. Natürlich bedeutete dies für die Bevölkerung im Bayerischen Wald, die entlang dieser Demarkationslinie wohnte, eine schmerzliche Begrenzung ihrer Bewegungsfreiheit. Man lebte mit dem Rücken zu einer schier undurchdringlichen Wand. Wirtschaftlich, aber auch kulturell und menschlich gesehen, erwuchs aus dieser Situation über die Jahrzehnte ein beträchtlicher Schaden. Trotz aller räumlichen Nähe empfand man den Nachbarstaat schließlich als ein fernes, entlegenes, mehr oder weniger unbekanntes Land.

Aber wie es halt nunmal bei uns Menschen so ist, Unbekanntes macht neugierig und reizt zum Erkunden. Da bildeten sowohl die Lehrer als auch die Schüler des Gymnasiums in Waldkirchen keine Ausnahme. Sobald im Geschichts- oder Kunstunterricht die Rede auf das Nachbarland kam, tauchten viele Fragen auf, wollten die jungen Leute mehr wissen über die vergangenen politischen Geschehnisse und die kultur- und kunsthistorischen Zusammenhänge. Ein Grund für dieses Interesse wird wohl darin zu sehen sein, dass ein nicht unerheblicher Teil unserer Schülerinnen und Schüler zuhause immer wieder mal von „drüben" erzählen hörte. In zahlreichen Familien gab es Verwandte, die jenseits der Grenze das Licht der Welt erblickt hatten und dort aufgewachsen waren. Viele hatten sich nach der schmerzlichen Vertreibung „herüben" niedergelassen. Und zwar möglichst nahe an der Grenze. Entweder weil sie Freunde und Bekannte hier hatten, die sie aufnahmen, aber auch weil viele

Vertriebene irrtümlich davon ausgingen, dass sie bald wieder in ihre angestammte Heimat zurückkehren könnten.

So ist es durchaus verständlich, dass bald schon Klassenfahrten in die relativ nahe gelegenen Städte jenseits der Grenze durchgeführt wurden, sobald dies die strengen Regelungen erlaubten, die bis in die 1980er Jahre hinein galten. Die Organisation solcher Schulausflüge war zumindest anfangs reichlich kompliziert. Zunächst musste um eine ministerielle Genehmigung nachgesucht werden. Darauf erfolgte die Beantragung einer Einreisegenehmigung bei den tschechoslowakischen Grenzbehörden mit genauen Angaben zu allen Teilnehmern, zum Grund für die Reise und zum Ziel. Erst wenn nach einigen Wochen diese Genehmigung vorlag, konnte die Erledigung weiterer Auflagen in Angriff genommen werden. So bedeutete die Beantragung der Reisevisa für sämtliche Teilnehmer einen ziemlich großen Verwaltungsaufwand. Pässe galt es, auf ihre Gültigkeit hin zu überprüfen, oder mussten erst bei den jeweiligen Kommunen beantragt werden. Auch das Busunternehmen, das für die jeweilige Fahrt gewonnen werden konnte, hatte eine Reihe von Auflagen und Bestimmungen zu erfüllen. Schließlich bekamen die jungen Leute noch ein Schreiben mit nach Hause, das eine von den Eltern zu unterzeichnende Einverständniserklärung enthielt sowie eine Liste mit all den Vorgaben, die es zu beachten galt, und den Dingen, die für die Fahrt von den Schülern mitzubringen wären. Im Unterricht war das nötige geschichtliche und kunsthistorische Hintergrundwissen vermittelt worden. Kurzum, der zeitliche Vorlauf und bürokratische Aufwand für derlei, zumindest zu dieser Zeit noch reichlich abenteuerlichen, Unternehmungen war enorm.

Wenn dann alles erledigt war, konnte an dem von den Behörden genehmigten Termin die Reise beginnen. Die beiden zehnten Klassen, mit denen wir drei begleitenden Lehrkräfte uns auf den Weg machten, hatten ein solides Grundwissen. Als dann die jungen Leute im Bus saßen, wurden vorsichtshalber die Reisedokumente nochmals überprüft, um unliebsame Überraschungen an der Grenze auszuschließen. Alles schien soweit in Ordnung und nichts sprach dagegen, dass unsere Reise ins Nachbarland ein interessantes Vergnügen werden würde. Und doch sollte alles ganz anders kommen:

Je näher wir der Grenze kamen, desto ruhiger wurde es im Bus. Das heitere Geplauder war einer zunehmend nervösen Anspannung gewichen, als wir am ersten Schlagbaum, einer Art Vorgrenze, ankamen. Diese wurde bewacht von mehreren, sichtbar noch recht jungen Soldaten. Deren Aufgabe bestand unter anderem darin, unsere Ankunft an der Hauptgrenze anzumelden und die Genehmigung zur Durchfahrt abzuwarten. Und das konnte dauern. Unserem Fahrer wurde bedeutet, beide Türen zu öffnen und den Bus zu verlassen. Nachdem diesem nach einer Anzahl ähnlicher Reisen die Abläufe an der Vorgrenze hinreichend bekannt waren, wusste er, dass man die Einreise ins Nachbarland erheblich beschleunigen konnte, wenn man, wie er uns verriet, die nötigen „Schmiermittel“ dabei hätte. Er stieg also aus, begab sich in das kleine Wachhäuschen und übergab dort, sozusagen ohne Zeugen, eine Plastiktüte, in der sich Coca-Cola-Dosen und eine Menge Kugelschreiber befanden. Reklame-Kugelschreiber und Cola waren zu der Zeit „drüben“ heiß begehrt.

Von da an ging alles unerwartet schnell. Zwei Uniformierte stiegen in unseren Bus ein, gingen flott durch die Reihen und warfen einen flüchtigen Blick in die bereit gehaltenen Reisedokumente. Solange sich tschechoslowakisches Militär oder Grenzpolizei im Bus aufhielt, so hatten wir den Schülerinnen und Schülern eingeschärft, sollten vorsichtshalber keine Gespräche geführt werden, wäre allen Aufforderungen kommentarlos Folge zu leisten und sollte vor allem ja nicht gelacht werden! Das könnte als Auslachen missverstanden werden, und dann würde die leidige Prozedur noch viel länger dauern. Freilich reine Schikane. Jedenfalls herrschte im Bus eisiges Schweigen.

Als dann die beiden Grenzsoldaten ausgestiegen und die Türen wieder geschlossen waren, ging der mächtige Schlagbaum langsam hoch, und auf ein entsprechendes Handzeichen einer der Wachhabenden hin überquerten wir, allerdings mit einem eigenartig mulmigen Gefühl, die Staatsgrenze. Vor uns her fuhr ein Jeep-ähnliches Militärfahrzeug, und unmittelbar hinter uns befand sich ein gleiches, olivfarbenes Fahrzeug. Auf diese Weise unter ständiger Kontrolle bewegten wir uns in langsamer Fahrt durch das so genannte Sperrgebiet. Ein streng bewachter Streifen, dessen

Breite, je nach Gelände, zwischen mehreren hundert Metern bis zu drei Kilometern schwankte. Stacheldraht und hohe Sperrzäune schlossen diesen Grenzstreifen ein. Der Aufenthalt hier war strengstens verboten. Militär und Grenzpolizei waren hier Tag und Nacht auf Patrouille und mussten gegebenenfalls von ihren Schusswaffen Gebrauch machen. So war es auch untersagt, mit dem Bus hier anzuhalten oder diesen gar zu verlassen. Und genau das wurde uns zum Verhängnis.

Freilich war uns das alles bekannt und doch musste ich von unserem Fahrer verlangen, trotz dessen entschiedener Vorbehalte, den Bus sofort anzuhalten. Der Grund dafür war ein Schüler, der plötzlich über starke Übelkeit klagte und sich kaum mehr auf den Beinen halten konnte. Ob der Grund dafür in einer nervösen Anspannung lag oder ob er die Brotzeit, die Süßigkeiten und die Getränke, die ihm seine fürsorgliche Mutter reichlich mitgegeben hatte, bereits alle auf der Fahrt bis zur Grenze verdrückt hatte, sei dahingestellt. Jedenfalls war er kreidebleich geworden, zitterte am ganzen Leib und drohte, zu kollabieren. Der Bus kam zum Stehen, die Tür ging auf, ich hob den Buben heraus, und nachdem er sich übergeben hatte, brach er zusammen. Eine Decke wurde mir zugeworfen, ich legte den armen Kerl darauf, er hatte das Bewusstsein verloren, und als er wieder zu sich kam, hieß ich ihn, liegen zu bleiben.

Erst jetzt bekam ich mit, dass es inzwischen um uns herum turbulent zuging. Von den beiden Militärbegleitfahrzeugen kam schrilles Sirenengeheul und auf- und abschwellendes Hupen. Soldaten mit ihren Gewehren im Anschlag stürmten heran und schrien auf uns ein in ihrer Sprache, die aber niemand von uns verstand. Eine tumultartige Szene spielte sich mitten in der Sperrzone am Straßenrand ab.

Unbemerkt waren inzwischen einige Militärfahrzeuge aus Richtung Hauptgrenze angekommen. Soldaten wurden rund um den Bus postiert. Ein Offizier war unter ihnen, der sich in sicherer Entfernung offensichtlich über das eigenartige Geschehen informieren ließ. Er kam näher, machte sich ein Bild von der Situation und gab ein paar Befehle. Danach beruhigte sich die Lage. Er sprach leidlich Englisch, und nachdem sich unser Patient wieder einigermaßen erholt hatte, durften wir ihn in den Bus verfrachten und unsere Fahrt bis zur Hauptgrenze fortsetzen. Hier musste der ab jetzt von etlichen Soldaten bewachte Bus abgestellt werden. Die zwei weiteren Begleitpersonen und die reichlich verstörten Schülerinnen und Schüler durften das Fahrzeug nicht verlassen, während der Fahrer und ich zum Verhör in das Grenzgebäude abgeführt wurden. Wir beide waren recht unsicher, was denn jetzt mit uns geschehen würde. Schließlich hatte man gerüchteweise schon von ähnlichen Vorkommnissen gehört. Da war oftmals von schlimmen Verhören die Rede, von Einsperren und ähnlichen Zwangsmaßnahmen. Das alles ging uns durch den Kopf, bis nach einigem Warten schließlich zwei Offiziere und eine Dolmetscherin erschienen und sich die leidige Sache schildern ließen. Viele Fragen wurden gestellt und wahrheitsgemäß beantwortet. Darauf verschwanden die drei.

Nach einiger Zeit durften wir den Raum verlassen, und nachdem ich einen geringen Betrag, sozusagen als Strafe für das verbotswidrige Anhalten in der Sperrzone, entrichtet hatte, konnten wir wieder zu unserem Fahrzeug zurückkehren. In der Zwischenzeit waren sowohl der Bus als auch die Taschen der jungen Leute genau durchsucht worden. Sehr positiv blieb allen Beteiligten in Erinnerung, dass während unseres Verhörs ein tschechischer Sanitätsoffizier den Bus bestieg und unseren Kranken begutachtete. Seinem in einigermaßen verständlichem Englisch vorgetragenen Untersuchungsergebnis war zu entnehmen, dass wir unsere Reise ohne Bedenken fortsetzen könnten, was wir auch umgehend taten.

Allmählich legte sich die Aufregung bei uns allen und wir verbrachten trotz aller Widrigkeiten noch einen sehr interessanten Tag in der wunderschönen Stadt Prachatitz mit ihren imposanten Bauwerken. Die Rückreise verlief vergleichsweise unspektakulär. Wenn ich gelegentlich ehemalige Schülerinnen und Schüler treffe, die damals dabei waren, so kommt die Rede unweigerlich auf diese ominöse Fahrt. Dabei wird mir immer wieder klar, dass die Ereignisse an der Grenze detailreich in Erinnerung blieben, während vom eigentlichen Grund für die „Bildungsreise“, nämlich die geschichtlichen und kunsthistorischen Hintergründe zu entdecken, allenfalls Marginales abgespeichert wurde. Ich kann das gut verstehen, mir geht es genauso.

# Als der Himmel über die Grenze stürzte

Eigentlich gab es, zumindest soweit man zurückblicken konnte, zwischen der größeren Marktgemeinde und einer der angrenzenden wesentlich kleineren Kommunen keine nennenswerten Spannungen. Das Verhältnis verschlechterte sich jedoch schlagartig, als die staatlichen Auflagen bei der Versorgung mit Trinkwasser erheblich verschärft wurden. Bereits vor Jahrzehnten hatten die Räte des Marktes, in weiser Voraussicht, so ziemlich alle Quellen in ihrem unmittelbaren Einzugsgebiet erworben und diese zusammen mit den eigenen Wasservorkommen gefasst. Aus einem mit erheblichem finanziellen Aufwand erstellten, ausreichend großen unterirdischen Reservoir konnten für absehbare Zeit sämtliche Haushalte problemlos versorgt werden.

Ganz anders sah es dagegen bei der bäuerlich strukturierten Nachbargemeinde aus. Damals hatte man die fernab liegenden Quellen zu respektablen Preisen verkauft, weil so ziemlich jedes Anwesen ohnedies über ein eigenes, so genanntes Hauswasser verfügte. Aber als sich dann die wirtschaftlichen Verhältnisse grundlegend änderten, der Fremdenverkehr zunahm, der Bestand an Vieh genauso anwuchs wie die eigenen Ansprüche, wurde vor allem in den heißen Sommermonaten das Wasser plötzlich knapp. Dass außerdem manche Hauswässer den offiziellen Auflagen nicht mehr genügten, verschärfte die Situation zusätzlich. Deshalb wandte man sich an die benachbarte Marktgemeinde mit der Bitte, sich an deren Wasserversorgung anschließen zu dürfen.

Mit der Erklärung, dass man den eigenen Bedarf an Trinkwasser erheblich gefährden würde, wenn man dem Wunsch entspräche, wurde der Antrag jedoch einstimmig abgelehnt. Die daraus resultierenden Unstimmigkeiten schaukelten sich zunehmend auf. Es ging hin und her. Überheblichkeit und Schadenfreude auf der einen und Minderwertigkeitskomplexe und mangelnde Weitsicht auf der anderen Seite warf man sich gegenseitig vor. Allerhand wilde Vermutungen, Gerüchte und böswillige Behauptungen machten die Runde.

Jedenfalls wollte man auf Seiten der kleineren Gemeinde diese schroffe Abfuhr auf keinen Fall ohne Gegenreaktion hinnehmen. In diesem Zusammenhang machte der ehemalige Gemeindesekretär Roland Obereder auf eine Grenzstreitigkeit aufmerksam, die bereits Jahrzehnte zurücklag und längst in Vergessenheit geraten war. Dabei handelte es sich um den Zugang zu einer Kapelle, die auf einem ziemlich steil ansteigenden Hügel lag, welcher zum Areal der Marktgemeinde gehörte. Von dort bot sich dem Wanderer ein bezaubernder Blick auf die Berge des Bayerischen Waldes. Wegen der steigenden Besucherzahl hatte die Marktgemeinde damals einen gut ausgebauten Weg hinauf zur Kapelle errichten lassen. Serpentinen erleichterten den Aufstieg. Die steilste Stelle konnte nur durch eine weit ausladende Kurve und mithilfe einer Anzahl Granitstufen bewältigt werden. Wie sich bei der nachfolgenden amtlichen Vermessung des Weges herausstellte, lag diese Windung allerdings auf einem Flurstück der benachbarten Gemeinde. Da nach einer entsprechenden Meldung dieses Sachverhalts an die Nachbarkommune keine Einwände zum Verlauf des Steiges erfolgten, wertete man dies als Zustimmung, zumindest als Duldung.

Die Sache war längst in Vergessenheit geraten. Aber jetzt erinnerte man sich wieder daran. Vielleicht ließ sich die Wegkurve mit ihrer Treppenanlage im Wasserstreit verwenden: Wasser gegen weitere Benutzung der Treppe. Ein Antrag wurde formuliert und postwendend abgelehnt. Daraufhin sperrte die Landgemeinde die Serpentine mit den Treppen. Pflöcke wurden eingeschlagen, Planken gesetzt, Absperrbänder entlang der Gemeindegrenze gezogen und Hinweistafeln aufgestellt, dass das Betreten der Treppen ab sofort untersagt sei. Den Besuchern der kleinen Kapelle oben auf dem Hügel blieb nichts anderes übrig, als den steilen, schmalen Trampelpfad zu benutzen, der sich zwischenzeitlich als Umgehung der strittigen Stelle gebildet hatte.

Zwar amüsierte man sich in der gesamten Umgebung über den Treppen- und Wasserkrieg, aber keiner der beiden Kontrahenten gab nach. Die Fronten verhärteten sich. Das änderte sich erst mit den merkwürdigen Geschehnissen am Fronleichnamstag desselben Jahres:

Es war ein besonders heißer Tag. Die Sonne stach so richtig vom Himmel. Und genau das mochte der Pfarrherr der Marktgemeinde, Ludwig Endl, überhaupt nicht. Er hatte längst die Sechzig überschritten und war eher von geringer Körpergröße. An seinem bemerkenswerten Umfang ließ sich deutlich ablesen, dass er einen gesegneten Appetit hatte und dass sich seine Haushälterin trefflich aufs Kochen verstand.

Hitze war ihm ausgesprochen zuwider. Zumal an Fronleichnam, wenn es galt, die Monstranz mit dem Allerheiligsten langsam, würdevoll und feierlich durch die festlich geschmückten Straßen und Gassen des Ortes zu tragen – und das in vollem Ornat! Dann machte ihm die Hitze erst recht gewaltig zu schaffen. Und erst recht der Anstieg hinauf zur dritten Station, der Kapelle oben auf dem Hügel, in dieser Gluthitze! Bestimmt würde er heuer noch stärker schwitzen unter den dicken, schweren liturgischen Gewändern. Aber es half alles nichts, es musste sein. Er litt für den Herrn. Insgeheim hoffte er jedes Jahr auf einen kühlen, möglichst verregneten Fronleichnamstag. Dann nämlich würde der Umzug ersatzweise in seine Kirche verlegt. Aber heuer!

Es war, weiß Gott, nicht seine erste Fronleichnamsprozession. Er hatte Erfahrung. Für diese Verhältnisse wählte er eine „Sonderausrüstung“: eine dünne schwarze Hose, ein kurzärmliges weißes Hemd und die alten, bequemen Slipper. Die trug er stets, wenn weite Wege zurückgelegt werden mussten. Bei Prozessionen, Flurumgängen, Wallfahrten und dergleichen christlichen Distanzmärschen hatten sie sich über die Jahre zunehmend bewährt und waren mittlerweile bestens an seine Füße angepasst. Sie waren weich und geschmeidig, da drückte nichts. Vom ehemaligen Profil war allerdings kaum mehr etwas übrig. Die Sohlen waren ziemlich glatt, was sich alsbald als besonders nachteilig auswirken sollte.

Der Mesner half beim Anziehen der liturgisch vorgeschriebenen Kleidungsstücke. Die Albe, das weiße Grundgewand mit dem gestärkten Kragen, hatte er von seinem Vorgänger übernommen. Sie war jedoch auf seine Körpergröße nicht abgestimmt. Sein Vorgänger war um einiges größer gewesen als er. Damit die Spitzen nicht den Boden berührten, musste das gute Stück mit dem Zingulum, der weißen Kordel, an deren Enden Quasten baumelten, erheblich gerafft werden. Um einen Luftaustausch von oben nach unten, zumindest eingeschränkt, zu ermöglichen und um ein unerwünschtes Gefühl der Enge von vornherein zu unterbinden, wurde dieses Band auf Endls Geheiß hin nur sehr locker gebunden. Und genau dies sollte sich im Verlauf des folgenden Umzugs als verhängnisvolle Fehlentscheidung herausstellen.

Als erhebliche Erleichterung empfand es Ludwig Endl, dass der Pfarrei im Herbst des vergangenen Jahres ein junger Kaplan zugewiesen worden war. Ein netter, aufgeschlossener junger Mann, Brillenträger, dem man das Tragen der vergoldeten Strahlenmonstranz unter dem Baldachin durchaus zutrauen konnte. Er selbst würde daneben herschreiten, einmal rechts, einmal links neben dem Kaplan, je nach Sonnenstand, aber immer darauf bedacht, im Schatten des „Himmels" zu bleiben.

Und dann ging's los. Die Träger schickten sich an, den Baldachin aufzunehmen. Träger konnte nicht jeder werden. Nur gläubige, charakterfeste und angesehene Männer durften dieses Ehrenamt ausüben. Die Tatsache, dass die vier aber darüber hinaus auch ausdauernd und kräftig sein mussten, schränkte den Personenkreis erheblich ein. Franz Fürlinger, seines Zeichens Busfahrer und Feuerwehrkommandant, sowie Sepp Braumandl, Schreinermeister und Vorstand des örtlichen Schützenvereins, waren den beiden vorderen Stangen zugeteilt. Hinten spannten Bertl Knon, Schmied und Mitglied des Pfarrgemeinderats, zusammen mit Josef Weber, Mesner und Totengräber, den Himmel über das Allerheiligste.

Die vier Männer waren gleich gewandet. Sie steckten unter einem weiten schwarzen Umhang, hatten weiße Handschuhe übergestreift, und über die Schulter legte sich ein lederner Tragegurt, wie ihn auch die Fahnenträger benutzten. In den Lederbuchsen steckten die weiß gestrichenen, teilweise vergoldeten Stangen, an deren oberen Enden die Längsstangen des Baldachins mit Messingkettchen befestigt waren. Dieser so genannte „Himmel" bestand aus einem kunstvoll, reich und dick bestickten Seidenstoff mit breiten, üppig verzierten Borten. Die an den Längsseiten in die Säume des Baldachins eingeschobenen Holzstangen verhinderten ein Durchhängen des Himmels. Insgesamt kam da ein recht ansehnliches Gewicht zusammen, das die vier Träger zu schleppen hatten.

Im Kreuz durfte es da keiner haben. Vorsichtshalber wurden immer Ersatzleute bestimmt, die hinten beim „Volk Gottes“ mitzogen und notfalls einspringen konnten.

Unter dem Baldachin ging der Kaplan, der in diesem Jahr die reichlich schwere Monstranz trug mit ihrem üppigen Strahlenkranz und der Hostie hinter einem Schauglas im Zentrum. Sowohl die sengende Hitze als auch die dicken, schweren Messgewänder, die in mehreren Schichten auf seinen Schultern lasteten, schienen ihm wenig auszumachen. Er war eben noch jung. Pfarrer Endl dagegen litt unter den sengenden Sonnenstrahlen. Dass er neben seinem Kaplan ging und so den Schatten des Himmels geschickt nutzen konnte, empfand er durchaus als Erleichterung.

Verbindliche Vorschriften zur Reihenfolge bei der Fronleichnamsprozession gab es eigentlich nicht. Vielmehr gehorchte die Aufstellung seit Generationen einer althergebrachten Tradition. Voraus marschierte die Blasmusik, ihr folgten die Feuerwehr und die Vereine mit ihren Fahnen, darauf folgten die Kommunionkinder und die Mädchen mit ihren Körbchen voller Blüten, die sie auf den Weg streuten. Im Anschluss daran kam der Kirchenchor. Eine Besonderheit stellte eine ansehnliche Gruppe von Frauen mit Goldhauben dar. Die Damen in ihren alten, schmucken Trachten und die prächtigen, aufwändig gefertigten Goldhauben zogen stets die Blicke der zahlreichen Zuschauer auf sich. Ihnen blieb der Platz hinter der Ministrantenschar und unmittelbar vor dem Baldachin vorbehalten. Direkt hinter dem Himmel schwenkte ein Ministrant das Weihrauchfass. Darauf folgte die Politprominenz, der Bürgermeister mit seinem Gemeinderat und schließlich die Bevölkerung, das Volk Gottes.

Zunächst verlief der Umzug wie geplant. Zwei der vier Altäre waren aufgesucht worden, und die Kanoniere des Soldaten- und Kriegervereins hatten im richtigen Augenblick die Schüsse abgegeben. Jetzt kam der schwierigste Teil des Umzugs. Es ging bergauf, hinauf zur kleinen Kapelle, an der stets der dritte Altar aufgerichtet war. Bei der herrschenden Hitze eine körperliche Herausforderung für sämtliche Teilnehmer. Ein Aufstieg, der in Anbetracht der gesperrten Treppe noch mühseliger wurde. Um die unansehnliche Trampelpfadumgehung mit ihren

*Fronleichnamsprozession in Passau (1950er Jahre)*

holprigen Trittstufen etwas zu kaschieren, hatten findige Frauen einen Blumenteppich darüber gelegt. Der Aufstieg über die Steilstufe war zwar ärgerlich und forderte vor allem von den Trägern des Baldachins und der Hohen Geistlichkeit großen körperlichen Einsatz und höchste Konzentration, aber er gelang soweit reibungslos.

Nachdem nicht nur der Chor und die Musikkapelle beim Aufstieg außer Atem gekommen waren, verzögerte sich das religiöse Prozedere. Es dauerte ein wenig, bis die Gesänge zu hören waren und das Evangelium gelesen wurde. Nicht nur durch diese unvermutete Verzögerung geriet der genau berechnete Zeitplan des Kanoniers etwas durcheinander. Dieser hatte, wie all die Jahre, hinter der Friedhofsmauer Stellung bezogen. Er hatte Blickkontakt zu einem seiner Kameraden, der oben an der Kapelle stand und mit dem Schwenken eines weißen Tuches das Zeichen für das Abfeuern des ersten Schusses geben sollte. Ein optisches Missverständnis führte jedoch dazu, dass der erste Schuss um einiges zu früh fiel. Als sich nämlich oben auf dem Kapellenhügel der für das Zeichengeben Verantwortliche mit eben diesem Tuch den Schweiß von der Stirn wischte, hielt dies der Schütze unten für das vereinbarte Signal und begann zu feuern. Der erste Schuss fiel exakt, als Hochwürden beim letzten Absatz des Evangeliums angelangt war, was diesen dermaßen zusammenzucken ließ, dass Umstehende kurzzeitig vermuteten, der zu früh abgefeuerte Schuss hätte ihm gegolten und er wäre tatsächlich getroffen worden. Die beiden folgenden Schüsse donnerten in die Chorgesänge, was jedes Mal ein heftiges Schwanken der Tenor- und einige schrille Misstöne bei den Sopranstimmen auslöste.

Einige eifrige Damen vom örtlichen Katholischen Frauenbund hatten inzwischen den Blumenteppich neben der leidigen Absperrung erneuert, da dieser beim Aufstieg arg gelitten hatte. Um den Blüten etwas mehr Bodenhaftung zu geben und um ein vorzeitiges Welken derselben zu verhindern, überspritzten sie diese mit Wasser, so wie sie es auch bei den Blumenteppichen vor den Altären immer machten. Diese gut gemeinte Aktion sollte jedoch die folgenden Geschehnisse wesentlich beeinflussen.

Als dann das dritte Evangelium gelesen, der letzte Knall aus der Kanone verhallt und die Gesänge ein Ende gefunden hatten, machte sich die Prozession auf den Rückweg. Blasmusik, Vereine, Fahnenträger und Kommunionkinder hatten die steil abfallende Notumgehung der gesperrten Serpentine bereits ohne nennenswerte Vorkommnisse überwunden, da geriet das Ganze ins Stocken. Das religiöse Zentrum des Umzugs, die vier Träger mit dem Baldachin, darunter der Kaplan mit der Monstranz und unmittelbar dahinter Pfarrer Endl, setzten zum Abstieg an der ominösen Böschung an. Der gesamte Zug hatte angehalten. Alle Teilnehmer und die vielen Zuschauer beobachteten jetzt aufmerksam das bevorstehende Manöver mit dem sperrigen Gerät in ungewohnt schwierigem Gelände.

Durch die ruckartigen Bewegungen beim Ausbalancieren der obersten Trittstufe musste sich, unbemerkt von Hochwürden Endl, dessen bewusst nur leicht gebundenes Zingulum gelöst haben. Daraufhin verlor die üppige Raffung des weißen Untergewandes ihren Halt und glitt in voller Länge zu Boden. Endl schleifte, ohne dies zu bemerken, dessen Spitzensaum hinter sich her. Das wiederum entging dem dicht hinter ihm befindlichen Ministranten, da dessen Blickfeld wesentlich eingeschränkt war durch das Weihrauchfass und die Rauchschwaden, die diesem entströmten. Jedenfalls trat der Rauchfassträger unbeabsichtigt auf die Ausläufer von Pfarrer Endls Albe, was diesen am nächsten Schritt hinderte und zu einer unkontrollierten ruckartigen Rückwärtsbewegung veranlasste. Durch das nachfolgende, heftige Zerren an der eingeklemmten Grundgewandschleppe löste sich die Spannung schlagartig. Das abrupte Wegreißen des Stoffes unter seinem linken Schuh war wiederum die Ursache dafür, dass der Messdiener nicht nur das Gleichgewicht, sondern auch den Halt verlor und zu Boden ging.

Der Geistliche selbst geriet dabei zunächst in ein bedrohliches Schwanken und machte schließlich einen solchen Satz nach vorne, dass seine Beine dem nicht in der an dieser Stelle erforderlichen Achtsamkeit folgen konnten. Es war der weite Umhang von Franz Fürlinger, den Pfarrer Ludwig Endl beim rasanten Taumeln über den steilen Absatz gerade noch zu fassen bekam. Daran klammerte er sich und lockerte den Griff selbst dann nicht, als die beiden bereits die Absperrbänder durchbrochen hatten und auf „feindlichem" Terrain zu Fall kamen. Bei dem spektakulären Manöver hatte Endl beide Schuhe verloren und Fürlingers Uniform hatte deutlich gelitten.

Der war gerade im Begriff gewesen, sich auf die geländemäßigen Herausforderungen der abschüssigen Böschung zu konzentrieren, als der von hinten anstürzende Geistliche bei ihm unvermutet Halt suchte und ungestüm an seiner Garderobe zerrte. Bei dieser Kollision wurde Fürlinger heftig nach vorne gestoßen, was wiederum zur Folge hatte, dass sich sein massives Reißen an der Tragestange unmittelbar über den Himmel auf die drei anderen Träger übertrug. Jetzt stellte sich das gut gemeinte Blumen-Streuen an dieser Stelle und vor allem das Begießen derselben als stark beschleunigendes Element heraus. Die Böschung war zu allem Überfluss dadurch ausgesprochen rutschig und glitschig geworden. Das erschwerte verständlicherweise deren schadloses Passieren zusätzlich.

Als er das nahende Verhängnis kommen sah, ließ Sepp Braumandl, der rechts vorne als Träger eingeteilt war, geistesgegenwärtig seine Tragestange fahren, was zur Folge hatte, dass sich das schwere Seidentuch des Himmels bedrohlich auf den Kaplan herabsenkte und diesen schließlich mitsamt dem Allerheiligsten unter sich begrub. Braumandl selbst torkelte mit erheblichem Tempo in die Gruppe der Goldhauben-Frauen, die dieses Manöver völlig unvorbereitet traf. Die Damen aus dieser Gruppe hatten ihre volle Konzentration und Aufmerksamkeit den Ausläufen der holprigen Steilstelle gewidmet, was wiederum ursächlich dafür war, dass sie auf das überraschende Vordringen des Baldachinträgers überhaupt nicht gefasst waren und dessen ungestümem Suchen nach Halt keinerlei Gegenwehr entgegensetzen konnten.

Die Kollateralschäden unter den Goldhauben-Frauen waren beträchtlich: Etliche von ihnen hatten wegen ihres Schuhwerks, das für eine gefahrlose Bewältigung der ausgetretenen Böschung wenig geeignet war, ohnedies keinen sicheren Stand und stolperten nach der kräftigen Schubserei von hinten mit erheblichem Schwung unter ihre Vorderfrauen. Am ärgsten getroffen hatte dieses unkontrollierte Anstürmen der Baldachin-Mannschaft die Bäckermeistersgattin Regina Fuchs. Im Vorbeistürzen des Duos Pfarrer Endl / Träger Fürlinger bekam beim instinktiven Greifen nach Halt, letzterer noch eines der beiden schwarzen, hüftlangen Bänder zu fassen, die an Regina Fuchs' Goldhaube befestigt waren. Dadurch wurde deren Kopf dermaßen unsanft nach hinten gerissen, dass daraufhin die wertvolle Trachtenhaube zusammen mit einem kunstvoll eingeflochtenen künstlichen Haarteil in hohem Bogen den Kopf ihrer Besitzerin verließ. Man fand dieses Gesamtkunstwerk später unvermutet weit jenseits der Gemeindegrenze, unweit der Stelle, an der einer der beiden hochwürdigen Schuhe aufgefunden wurde.

Das Taumeln, Stolpern, Greifen und Stoßen wurde von heftigem Gestikulieren begleitet. Bei dem tumultartigen Geschehen entrangen sich nicht nur den Kehlen der unmittelbar Betroffenen unartikulierte Angstschreie. Der Gesichtsausdruck derer, die dieses spektakuläre Ereignis mitansehen mussten, schwankte zwischen panischem Entsetzen und ungläubigem Staunen.

Bertl Knon, der Träger links hinten, war als Schmied der Kräftigste der vier. Aber trotz größtem Körpereinsatz gelang es ihm nicht, dem gemeinsamen nach vorne und gleichzeitig vehement nach unten Drängen von Pfarrer und Franz Fürlinger standzuhalten. Selbst er war nicht in der Lage, den Baldachin zu stabilisieren. Da er seiner verantwortungsvollen Aufgabe treu blieb und seine Tragestange weiterhin mit festem Griff umklammerte, stürzte er ungebremst und mit großer Wucht nach links vorne und riss den bis dahin noch standfesten Josef Weber mit. Der Himmel senkte sich augenblicklich vollends auf den Kaplan und das liturgische Schaustück herab. Dergestalt in der Sicht behindert, blieb dem Träger des Allerheiligsten nichts anderes übrig, als sich in das Unvermeidliche zu fügen und der rasanten Talfahrt keinen nennenswerten Widerstand entgegenzusetzen. Die gesamte Baldachin-Gruppe schwankte, taumelte und stolperte schließlich mit zunehmender Geschwindigkeit auf die Absperrung zu, durchbrach diese mit Getöse und stürzte jenseits der Gemeindegrenze zu Boden. Als man den Kaplan aus dem Gewirr von Stangen, deren Trägern und dem Baldachin löste, hielt er immer noch die Monstranz fest umklammert in seinen Händen. Seine Brille fand sich erst zu Ostern des darauffolgenden Jahres bei Mäharbeiten. Sie lag erstaunlich weit entfernt von der Stelle seiner ersten Bodenberührung und entsprach in keiner Weise mehr den Anforderungen, die man üblicherweise an eine Sehhilfe stellen muss.

Verständlicherweise nahm es einige Zeit in Anspruch, bis die restlichen Prozessionsteilnehmer die leidige Böschung überwunden hatten, die verloren gegangenen Utensilien sowie die unter dem Baldachin Verschwundenen geborgen und alle Gestürzten wieder auf den Beinen waren. Die Spuren, welche die ungewollt rasche Überwindung der Ausweichtrasse an der Kleidung mehrerer Prozessionsteilnehmer hinterlassen hatten, konnten in der gebotenen Eile nicht vollumfänglich beseitigt werden. Stellenweise mehr oder weniger ramponiert, wurde der vierte Altar wesentlich schneller als bei früheren Umzügen absolviert. Der abschließende Einzug in die Kirche fiel in diesem Jahr weniger feierlich aus als gewohnt.

Um ein solches Fiasko in Zukunft auszuschließen, einigte man sich in beiderseitigem Interesse darauf, die vormals getroffenen Wasser-Beschlüsse zu revidieren. In der bald darauffolgenden Sitzung erhob sich im Marktgemeinderat keinerlei Widerspruch, den Anschluss der Nachbargemeinde an die eigene Wasserversorgung zu gestatten. Im Gegenzug war man auf Seiten der Nachbargemeinde bereit, die benötigten Kurvenflurstücke an den Markt abzutreten. Das zumindest war die offizielle Begründung für diese einvernehmliche Lösung. Inoffiziell hielt jedoch die weit überwiegende Mehrheit der Bevölkerung das Überrennen und den folgenden Niedergang des Allerheiligsten, zusammen mit der Hohen Geistlichkeit, jenseits der Gemeindegrenze als deutlichen Wink von ganz oben. Ein unmissverständliches Zeichen, quasi eine göttliche Aufforderung, den Frieden zwischen den beiden Kontrahenten wieder herzustellen.

## Der Gmoastier

In Bayern gab es um 1965 noch mehr als 7000 eigenständige Gemeinden. Vor allem in den ländlich geprägten Gegenden mangelte es bei den meist sehr kleinen Kommunen an der nötigen Wirtschaftskraft. Dies war der vorwiegende Grund dafür, dass viele junge Leute die Heimat verließen, um anderswo Arbeit zu finden. Um diesen negativen Trend zu beenden, entschloss sich die Bayerische Staatsregierung dazu, die Kommunen zu größeren Einheiten zusammenzufassen. Allein in Niederbayern schrumpfte die Zahl der Landkreise von 22 auf 9 und die der Gemeinden von 7000 auf 2000.

Das Verfahren stieß vor allem bei den vielen Gemeinden, die „geschluckt" werden sollten, nicht immer auf Gegenliebe. Die Vorbehalte waren groß, war damit doch auch quasi die Aufgabe des eigenen „Hoheitsgebietes" verbunden. Die zum Teil uralten, verbrieften Gemeindegrenzen würden unwiederbringlich fallen, und manch einer befürchtete, dass man bei den Eingemeindungen „über den Tisch gezogen" würde. Besonders dort, wo sich finanzkräftige Gemeinden um die kleineren Nachbarn bemühten, wurden häufig lukrative Versprechungen gemacht, wurde umworben, intrigiert, geschachert und getrickst.

So blieb es nicht aus, dass die Kommunen, die in einen größeren Verbund einfließen sollten, versuchten, zumindest ihr bewegliches und unbewegliches kommunales Eigentum zu „retten", bevor es in den Besitz einer größeren Einheit kam und sozusagen als Mitgift im neuen, großen Verbund auf Nimmerwiedersehen verschwand.

Im Zuge solcher Überlegungen sollte unmittelbar vor der offiziellen Eingemeindung und der damit verbundenen Aufgabe der bis dato gültigen Rechte in einer dieser kleinen Landkommunen vorsichtshalber noch schnell der „Gmoastier" möglichst gewinnbringend verkauft werden. Die vordringliche Aufgabe dieses Zuchtbullen bestand darin, bei den örtlichen weiblichen Rindviechern für Nachwuchs zu sorgen. Offiziell sollte der Erlös dann in die „Ehe" mit der benachbarten Stadt einfließen.

Zumindest war es so vereinbart. Also machten sich wenige Tage vor dem amtlichen Vollzug der Eingemeindung einige angesehene Räte der zum Anschluss an die große Nachbarkommune „verurteilten“ Gemeinde mit dem Stier auf den Weg zu einer Viehversteigerung draußen im Gäuboden. Tatsächlich brachte der Verkauf des Tieres einen unerwartet hohen Erlös. Darüber war die kommunale Abordnung der „Gmoastierverkäufer“ gleichermaßen überrascht und zufrieden.

Ein Gefühl von Stolz auf ihre Geschäftstüchtigkeit, Umsicht und Schlauheit erfüllte die Truppe daraufhin mehr und mehr. Durchdrungen von diesem Hochgefühl kamen die Räte vor dem Antritt der Heimreise zu der Ansicht, dass es ausgesprochen ungerecht wäre, wenn der gesamte Erlös aus der Versteigerung in den zukünftigen Stadtsäckel flösse. Sie alle hätten doch schließlich vor Jahren den Gmoastier gemeinsam gekauft und durchgefüttert, während die Nachbarstadt dazu nichts, aber auch gar nichts dazu beigetragen habe. Folgerichtig könne diese, zumindest moralisch, weder einen Anspruch auf das Tier noch auf das Geld aus dem Verkauf anmelden. Und da die eigene Gemeinde sozusagen bereits liquidiert war, betrachtete man das „Stiergeld“ außerdem als im Augenblick herrenlos.

Davon leiteten die Ratsherren das Recht ab, sich, sozusagen als eine Art Aufwandsentschädigung, einen Umtrunk im nächstgelegenen Wirtshaus zu genehmigen. Der dafür notwendige Beschluss wurde einstimmig angenommen. Der Umtrunk zog sich in die Länge, denn in den begleitenden Gesprächen bildete die Unzufriedenheit mit der „Annexion“ der eigenen Gemeinde durch die Nachbarstadt das zentrale Thema. Vom Verlust der Identität, von jahrhundertealter Eigenständigkeit, von Kulturschande und einer willkürlich angeordneten Aufgabe der uralten Gemeindegrenzen war die Rede. Die Ratsherren redeten sich in Rage, und als es schließlich zu später Stunde ans Zahlen ging, hatte die Abneigung vor der alsbaldigen städtischen Einverleibung ein dermaßen hohes verbales Maß erreicht, dass ein erneuter Beschluss, wie denn mit dem restlichen Geld aus dem Gmoastier-Verkauf umzugehen sei, unausweichlich schien.

Das Ergebnis der erneuten Abstimmung wurde einstimmig gebilligt. Danach sollte in einem ersten Schritt die Hälfte des Stiergeldes als weitere Aufwandsentschädigung an- und umgesetzt werden. Und weil dieses Vorgehen zu aller Zufriedenheit gut klappte, wurden in der Folge noch eine Reihe ähnlicher Beschlüsse gefasst. Schließlich setzte sich mehrheitlich die Ansicht durch, dass der aufnehmenden Stadtgemeinde überhaupt nichts von dem Stiererlös zustünde und man die Eingemeindung am besten von hier aus durch Sitzenbleiben boykottieren könnte. Sämtliche Beschlüsse wurden vollumfänglich umgesetzt.

Unerwähnt darf nicht bleiben, dass diese tüchtige Gmoastier-Mannschaft zunächst als vermisst galt und erst nach drei Tagen wieder zuhause auftauchte. Leicht ramponiert und ohne Geld. Nach Aussage des damals amtierenden Bürgermeisters der aufnehmenden Stadt wurden die dadurch entstandenen Mindereinnahmen klaglos hingenommen.

# Weihrazgschichtn – unerklärliche Geschehnisse

## Vom „Umgehen, Spuken und Weihrazn"

Im Bayerischen Wald, dem dicht bewaldeten Mittelgebirge zwischen Bayern, Tschechien und Österreich, gibt es viele Sagen, Mythen und unheimliche Geschichten, die, zumindest bis in die jüngere Vergangenheit, fortwährend weitererzählt wurden. Bis gegen Ende des 19. Jahrhunderts lebte die Bevölkerung hier in relativer Abgeschiedenheit. Das über weite Strecken unwirtliche Grenzgebirge mit seinen dunklen Wäldern und bizarren Felsgebilden war geradezu prädestiniert dafür, die Phantasie und Vorstellungskraft seiner Bewohner anzuregen, wenn es galt, unerklärliche Geschehnisse, eigenartige Geräusche und Laute zu deuten. Wenn draußen der raue Böhmwind über die Dächer pfiff und an den Hoftoren und Fensterläden rüttelte, wenn sich die Bäume bogen und unter der Schneelast ächzten und knackten, wenn das Eis auf den Weihern und Bächen krachte, dann deuteten unsere Vorfahren dies mitunter als mystische Zeichen einer gruseligen Zwischenwelt. Aber auch in den alten Häusern mit ihren Holzdecken, den dicken Bodenbrettern, den knarzenden Treppen und dem Gebälk des hölzernen Dachstuhls gab es ständig unheimliche Geräusche.

Unsere heutige digitale, aufgeklärte Welt mit ihren umfangreichen wissenschaftlichen Erkenntnissen lässt eigentlich keinen Raum mehr für übersinnliche Mutmaßungen. Bei den modernen Gebäuden mit Treppen, Decken und Wänden aus Beton und mit riesigen mehrfach verglasten Fenstern in Metallrahmen entstehen halt in aller Regel keine Geräusche mehr, die sich nicht sofort mit bauphysikalischen Gesetzmäßigkeiten erklären ließen.

Und doch gibt es immer wieder mal Begebenheiten, die sich so einfach nicht deuten lassen. So kann es durchaus geschehen, dass man sich

*Waldlerhaus aus dem frühen 19. Jahrhundert*

selbst trotz aller Aufgeklärtheit und rationalen Denkweise bei dem Gedanken ertappt, ob es nicht vielleicht doch etwas gibt zwischen Himmel und Erde, das sich bislang unseren Erkenntnissen entzogen hat?

In früheren Zeiten, als es weder Radio noch Fernsehgeräte oder gar Handys und iPads gab, wurden die Erzählungen und Geschichten, die Märchen und Sagen noch mündlich weitergegeben. Vor allem in den bäuerlichen Wohnstuben mit der umlaufenden Bank, dem breiten Tisch und dem mit Holz beheizten Herd saßen sowohl die Familie als auch das Gesinde an den langen Winterabenden zusammen und lauschten zu vorgerückter Stunde den Erzählungen der Alten. Aber auch in den Brechhäusern oder auf der „Rockaroas" in den Spinnstuben, wenn sich die Frauen, Mädchen und Mägde zum Stricken, Spinnen, Flicken und „Woihachln" trafen, wurden die über viele Generationen überlieferten geheimnisvollen Geschichten immer wieder erzählt und so weitergetragen. Von unheimlichen Begegnungen, von Schrazln, von Tod und Teufel und Armen Seelen, die keine Ruhe fanden, von Verbrechern, die nach ihrem

Ableben zur Strafe „umgehen" mussten, war dann die Rede. Gruselige Geschichten, die manchem Zuhörer Kälteschauer über den Rücken jagten.

Bis hinaus an die Donau, in den Passauer und Deggendorfer Raum, gibt es eine erstaunliche Zahl und Vielfalt solcher Sagen und Erzählungen. Besonders bekannt sind die Geschichten und Weissagungen der so genannten Waldpropheten. Der „Mühl Hiasl" ist wohl der bekannteste unter ihnen. Seine rätselhaften Schilderungen von schwer deutbaren Objekten und zukünftigen Ereignissen sind vielfach bearbeitet worden und animieren auch heute noch den Leser zu allerlei Erklärungsversuchen. Über die Weissagungen der Waldpropheten ist schon so viel geschrieben und veröffentlicht worden, dass auf sie hier nicht eingegangen wird. Vielmehr sind es vor allem die eigenen Erlebnisse und die Erzählungen, die in unserer Familie weitergegeben wurden, aber auch die Schilderungen von vertrauenswürdigen Personen, die über einen Zeitraum von etwa sechzig Jahren zusammengetragen und aufgezeichnet wurden. Die allermeisten dieser „Informanten" sind längst den Weg alles Irdischen gegangen.

*Bauernstube (um 1900)*

## Sühnekreuze – Orte mittelalterlicher Tötungsdelikte

Sie wirken ziemlich massig, diese Kreuze, die vor langer Zeit aus dem Stein geschlagen wurden, der sich in ihrer Umgebung fand. Lediglich 50 bis 80 Zentimeter ragen sie in der Regel über dem Boden heraus. Die voluminösen senkrechten und waagrechten Kreuzbalken sind üblicherweise in etwa gleich lang und an den Kanten mit breiten Fasen abgeschrägt. Diese Zeichen mittelalterlicher Rechtsprechung findet man überwiegend an ehemaligen Weggabelungen und dort, wo sich viel begangene Steige und Straßen kreuzten, aber auch an den alten Verbindungswegen in der Nähe von Dörfern, deren Siedlungsgeschichte zumindest bis ins hohe Mittelalter zurückreicht.

Leider sind auch im Bayerischen Wald nur noch wenige dieser historisch und kulturgeschichtlich bemerkenswerten Flurdenkmäler erhalten geblieben. Wenn man so will, sind sie die einzigen bis zum heutigen Tag sichtbaren Zeichen für die Umsetzung eines mittelalterlichen Richterspruchs und zeugen von einer Sühnepraxis, die ihre Wurzeln nicht mehr in der unmenschlichen frühgeschichtlichen Blutrache, sondern in einem frühen christlichen Wiedergutmachungsgedanken hat.

Sühnekreuze mussten stets am Ort eines Totschlags, der bei einer Auseinandersetzung oder einem Überfall erfolgt war, aufgestellt werden. Die Auflage zur Errichtung eines solchen Mahnmals erging in der Regel an die Angehörigen des Mörders, denen vom Hohen Gericht, und meist darüber hinaus auch noch von der Kirche, weitere Bußen als Zeichen der Sühne und Wiedergutmachung auferlegt wurden. Gestaffelt nach der Schwere der Straftat waren dies zum Beispiel Geldzahlungen an die Hinterbliebenen des Getöteten. Die Höhe der Summe richtete sich dabei nach dem Stand des Toten, seiner gesellschaftlichen Bedeutung und seinem Vermögen. Meist wurden die engsten Verwandten des Mörders in einer Art Sippenhaft zusätzlich zur „Verrichtung frommer Werke“ zur Gabe von Almosen, zu Messstiftungen und Kerzenopfern für das Seelen-

*Sühnekreuz bei Schiefweg, Stadt Waldkirchen (15. Jahrhundert)*

heil des Getöteten sowie zu täglichen Bußgebeten und Wallfahrten verpflichtet. Derlei Auflagen sah das so genannte Landrecht vor, das zwischen dem späten 12. Jahrhundert und der Zeit um 1600 Basis für die Rechtsprechung war. Sie wurden in so genannten Sühneverträgen exakt niedergeschrieben und von den zuständigen Pfleggerichten streng kontrolliert.

Der Volksmund bezeichnet diese Sühnekreuze auch als „Blutkreuze". In früheren Zeiten, als man allgemein noch um die Geschichte und die Bedeutung dieser steinernen Denkmäler Bescheid wusste, hatte man eine gewisse Scheu vor diesen Kreuzen. Besonders nachts machte man vorsichtshalber einen großen Bogen um den Standort dieser steinernen Zeugen eines grausamen Verbrechens. Man fürchtete sich vor einer eventuellen Begegnung mit dem Getöteten, oder gar seinem Mörder, in welcher Form auch immer.

So wird in einer ganzen Reihe überlieferter Erzählungen von unheimlichen nächtlichen Begegnungen in unmittelbarer Nähe solcher Kreuze berichtet, die mehr oder weniger immer ähnlich verliefen. Angeblich ist auch beim ältesten Sühnekreuz im Landkreis Freyung-Grafenau, in Großwiesen, das aus dem 14. Jahrhundert stammt, etliche Male Merkwürdiges geschehen. Von einer weißen Gestalt ist hier die Rede, die sich nächtens den Vorbeigehenden in den Weg stellte und erst nach Aufsagen des Spruches „Alle Guten Geister loben Gott den Herrn" unter heulendem Wehklagen wieder verschwand.

Berichtet wurde auch, dass in den 1890er Jahren an einem späten Sonntagabend einer Gruppe von Männern am Sühnekreuz in Kirchl, in der Gemeinde Hohenau, eine hünenhaft große, blutverschmierte Gestalt entgegengetreten sei. Die Männer, die an diesem Sonntag anstatt in die Kirche zu gehen, die Zeit angeblich im Wirtshaus verbracht hatten, hätten daraufhin fluchtartig das Weite gesucht.

Vom Sühnekreuz am Ortsausgang von Schiefweg (Stadt Waldkirchen) wurde erzählt, dass besonders in stürmischen Winternächten mehrfach eine Gestalt am Kreuz gesehen wurde, deren jämmerliches Klagen bis zu den ersten Häusern des Dorfes zu hören war.

Dass die nahe Umgebung solcher Kreuze von den Altvorderen offensichtlich für einen besonders geheimnisvollen, mystischen Ort gehalten wurde, lässt sich auch aus Überlieferungen schließen, wonach sich hier gelegentlich auch Tiere nachts merkwürdig verhielten. Da ist die Rede davon, dass nicht selten Pferde beim Vorübergehen aufschraken, stehen blieben und nicht mehr weiter wollten oder unter lautem Wiehern durchgingen. Vor allem Fuhrleute und Lohnkutscher berichteten von derlei Ereignissen.

Die Einstellung zu diesen interessanten Zeugen der Rechtsprechung aus längst vergangenen Zeiten hat sich grundlegend geändert. Die Hintergründe sind weitestgehend in Vergessenheit geraten. Dass man diesen geschichtsträchtigen Objekten auch keinerlei Scheu mehr entgegenbringt, wird zum Beispiel deutlich erkennbar, wenn bei Straßenbaumaßnahmen gedankenlos und ohne rechtes Geschichtsbewusstsein solche Flurdenkmäler an eine Stelle versetzt werden, wo sie nicht mehr „stören“. Dabei geht allerdings unwiederbringlich der Bezug zu dem Ort verloren, an dem sie ehemals wegen eines grausamen Verbrechens platziert worden waren.

## Verschollen

Die Schmugglerei versprach zwar stets einen mehr oder weniger hohen Gewinn, war jedoch zu verschiedenen Zeiten ein recht gefährliches Unterfangen. Vor allem dann, wenn der illegale Transport besonders gefragter Güter im jeweiligen Nachbarland eine hohe Rendite erwarten ließ, machten sich auch Bewohner grenznaher Gebiete mit wenig „Schmuggelerfahrung“ auf den riskanten Marsch über die „Grüne Grenze“. Das wiederum hatte zur Folge, dass die berufsmäßigen Grenzhüter, die Zollbeamten und Gendarmen vermehrt auf Streife geschickt wurden, um die Schwärzer aufzugreifen und dem illegalen Treiben Einhalt zu gebieten. Viele der „Schmuggler-Grünschnäbel“ wurden dabei aufgegriffen und der gerechten Strafe zugeführt.

Gefährlich waren aber auch die versteckten Schleichwege an sich, die meist durch unwegsames, oftmals sehr steiles und von Felsen durchsetztes Gelände führten. Besonders dann, wenn bei Regen, oder wenn im Spätherbst und zeitigen Frühjahr eine dünne Eisschicht die Felspartien überzogen hatte, die Pfade glatt und rutschig geworden waren. Da die Schmuggler mit ihrer nicht selten beträchtlichen Last fast ausschließlich nachts unterwegs waren, um nicht entdeckt zu werden, kam es nicht selten zu Stürzen und Verletzungen. Dann war es von Vorteil, wenn man nicht alleine unterwegs war. Die Kumpane konnten dann gegebenenfalls nicht nur die nötige Hilfe leisten, auch die Ladung des Verunglückten wurde dann auf diese verteilt und weitertransportiert.

Die professionellen Schwärzer taten sich auch deswegen gerne zu größeren Gruppen zusammen, weil sie dann bei eventuellen Aufgriffen den Grenzpatrouillen in aller Regel zahlenmäßig weit überlegen waren. Nicht wenige von ihnen waren bewaffnet. In der Folge kam es immer wieder zu wilden Schießereien. Es gab hin und wieder Verletzte und auch Tote. Bis die Zollbeamten dann Verstärkung bekamen, waren die Schmuggler meist über alle Berge und hatten ihre verletzten Genossen abtransportiert.

Trotzdem gab es immer wieder auch Einzelgänger unter den Schwärzern. Aus den unterschiedlichsten Gründen nahmen sie das Risiko auf sich, alleine so eine gefährliche Tour zu unternehmen. Meist handelte es sich dabei um spezielle Aufträge. Trotz aller Warnungen und sorgenvollem Abraten der Familie machte sich in einer stockfinsteren Nacht kurz vor dem Nikolaustag im Jahr 1912 Johann W. auf den Weg ins benachbarte Böhmen. Bei Klafferstraß am Fuße des Dreisessels war er zuhause und verfügte über die entsprechenden Ortskenntnisse. Mit einem großen, schweren Rucksack beladen, in dem sich allerhand Schmuggelware befand, wollte er den wenig begangenen, steilen Jägersteig Richtung Grenzkamm nehmen und auf böhmischer Seite den überaus steilen, von Felsen durchsetzten Steig hinunter zum See klettern. Er entschied sich für diesen schwierigen Steig, da man in Insiderkreisen wusste, dass dieser Weg von den Grenzbeamten gemieden und in aller Regel nicht benutzt wurde. In der darauffolgenden Nacht wollte er wieder zurück sein.

Doch seine Familie wartete vergebens auf ihn. Als er am übernächsten Tag immer noch nicht zurück war, machte sich eine Gruppe Männer aus der Nachbarschaft auf den Weg, um nach Johann W. zu suchen. Aber keine Spur von dem Vermissten. Weder am steilen Anstieg, noch entlang des steilen Abstiegs im Böhmischen. Alles Suchen und Rufen war vergebens. In der Zwischenzeit hatte es zu allem Überdruss auch noch begonnen, zu schneien. Nach zwei Tagen brach man die Nachforschungen ab. Johann blieb verschollen.

Unabhängig voneinander berichteten in den folgenden Wochen und Monaten immer wieder Schmuggler, die, sobald das Wetter es zuließ, diesen gefahrvollen Weg begangen hatten, von unheimlichen Lauten, klagenden Schreien und gruseligem Wimmern. Die Laute, die angeblich allen durch Mark und Bein gegangen waren, wurden unter anderem auch von den Mitgliedern einer größeren Schmugglerbande bestätigt. Aus welcher Richtung diese schaurigen Töne kamen, ließ sich nach Aussage derer, die sie vernommen hatten, nicht eindeutig sagen. „Sie waren einfach um uns herum in der Luft", meinte einer von ihnen. Auch vom Aufscheinen von Irrlichtern war die Rede. Aber wenn man dem Licht-

*Holzknechte mit ihren Zugschlitten am Dreisessel (um 1920)*

schein nachging, war der plötzlich wieder verschwunden und der Suchende hatte Mühe, den Weg wieder zu finden.

Die Umstände waren mysteriös und trotz erneut eingeleiteter Suchaktionen im darauffolgenden Frühjahr blieb Johann W. verschollen. Bis 1919 ein Trupp tschechischer Holzhauer ein Stück unterhalb des Grenzkamms an abgelegener Stelle, verborgen unter allerhand Gebüsch, die sterblichen Überreste eines Menschen entdeckte. Wie sich nach einer kriminaltechnischen Untersuchung eindeutig herausstellte, handelte es sich bei den Skelettteilen um die Überreste von Johann W. Geklärt werden konnte auch die Todesursache. Ein Einschussloch im Schädel und eine Schussverletzung an einer Rippe wurden festgestellt. Offiziell ging

man von einem „Raubüberfall mit Todesfolge“ aus, da auch vom Rucksack und dessen Inhalt jede Spur fehlte. Rätselhaft blieb jedoch, wieso Johann, entgegen seiner Absicht, relativ weit ab von seiner geplanten Route unterwegs war. Er war offensichtlich einem Verbrechen zum Opfer gefallen, das nie aufgeklärt wurde und bald schon zu allerhand Spekulationen, Vermutungen und Verdächtigungen führte. Das Gerücht, dass die nächtlichen, unheimlichen Klagelaute mit dem Tod von Johann W. zusammenhängen würden, fand auch deshalb reichlich Nahrung, weil diese unerklärlichen akustischen Erscheinungen angeblich endeten, als dessen sterbliche Überreste bestattet waren.

## Der kalte Lenz

Bis weit hinein ins 20. Jahrhundert war es durchaus keine Seltenheit, dass Knechte oder Mägde, die nie zum Heiraten gekommen waren und ihr gesamtes Arbeitsleben lang auf dem gleichen Hof brav, treu und zuverlässig ihre Aufgaben erfüllt hatten, den so genannten „Austrag" auf „ihrem" Hof verbringen durften. Häufig waren solche Dienstboten relativ eng mit der Bauernfamilie verbunden. Sie hatten ihre Arbeit in der Küche oder im Stall und draußen auf den Feldern zuverlässig verrichtet. Die eine oder andere Magd, die das Geschick dazu hatte, betreute und versorgte mitunter auch die Kinder, wenn zur Erntezeit niemand für die Kleinen Zeit hatte. Von den älteren, erfahrenen Knechten lernte der spätere Hoferbe den Umgang mit dem Vieh, das Mähen und erhielt dabei so manchen praktischen Tipp.

Die meisten Dienstboten wechselten nach einiger Zeit, meist zu Lichtmess, die Arbeitsstelle. Aber so ziemlich auf jedem Hof gab es Mägde und Knechte die bereits in jungen Jahren hier die Arbeit aufnahmen und bis zum Ende ihres Erwerbslebens blieben. Natürlich waren solche Leute mit der Familie des Eigentümers eng verbunden. Sie gehörten quasi zur Familie, waren Vertraute, auf deren Rat man bei anstehenden Entscheidungen durchaus hörte. Sichtbares Zeichen dafür war, dass sie zu den Mahlzeiten mit am Tisch der Bauersleute sitzen durften. Ein Privileg, das sie in der Hofhierarchie über das übrige Personal stellte.

Wenn dann nach Jahrzehnten die Schaffenskraft nachließ, sich das eine oder andere Zipperlein einstellte, die Plackerei zunehmend schwer fiel und die gewohnten Arbeiten nicht mehr verrichtet werden konnten, dann stellte sich die Frage: Wohin? Wo würde man seinen Lebensabend verbringen können? Wer würde einen aufnehmen? Eine bange Frage, zumal, weil viele Dienstboten in aller Regel unverheiratet geblieben waren. Manche kamen bei Verwandten, bei Geschwistern unter. Mehr geduldet, als gern gesehen, zumal diese Leute in der Regel nur Anspruch auf eine recht kleine Rente hatten.

*Typisches Bayerwaldhaus (um 1890)*

Vergleichsweise gut hatten es da solche Ruheständler, wenn sie am Hof bleiben durften und ihnen eine der Austragskammern über den Stallungen oder ein Zimmer im Obergeschoss eines Austragshauses zur Verfügung gestellt wurde. Freie Kost und Logis eingeschlossen. Dafür verrichteten sie weiterhin Arbeiten, die sie noch bewältigen konnten, und hatten damit das Gefühl, auch jetzt noch dazuzugehören. Eine ausgesprochen humane, soziale Lösung dieses Problems.

Eine vergleichsweise ähnliche Situation zeigte sich zu Beginn der 1950er Jahre auf dem Bauernhof von Johann P., einem Anwesen von ansehnlicher Größe im Bereich des Dreiländerecks. Die hügelige Gegend unten im Tal, an den Ausläufern des Dreisesselberges, bezeichnet bis heute der Volksmund als „Nü Wöd“, als „Neue Welt“. In diesem abgeschiedenen Winkel, den die Passauer Fürstbischöfe in einer der letzten Rodungswellen für die Landwirtschaft nutzbar machten, haben sich bis in unsere Zeit herein erstaunlich viele Sagen, geheimnisvolle Erzählungen, Spuk- und Geistergeschichten gehalten.

Auf besagtem Hof hatte der alte Knecht Lorenz M., der Lenz, nach einem arbeitsreichen Leben in den zwei Stuben im Obergeschoss des Austragshauses Quartier bezogen. Die Wohnung im Erdgeschoss war zu der Zeit frei. Sie stand ausschließlich den jeweiligen Altbauern als Austrag zur Verfügung. Geboren und aufgewachsen war der Lenz als viertes von fünf Kindern auf einem kleinen Bauernhof nahe der Grenze im benachbarten Böhmen. Er musste bereits in jungen Jahren tüchtig mitanpacken. Die verschiedenen Tätigkeiten in der Landwirtschaft waren ihm nicht fremd. Mit achtzehn Jahren war er als Knecht auf den Hof der Familie P. gekommen. Er war stark, kräftig und verrichtete seine Arbeit sowohl im Wald als auch auf den Feldern mit Geschick und Umsicht. Man konnte sich auf ihn verlassen. Johann P. schätzte seine Arbeit und hörte auf seinen Rat. Lenz fühlte sich hier wohl. Man verstand sich gut, und so blieb er über all die Jahre hier. Er sah die vier Kinder der Bauersleute heranwachsen, war dabei, als Hermann, der älteste der beiden Buben, den Hof übernahm und der Altbauer mit seiner Frau ins Austragshaus zog. Auch als die beiden relativ kurz hintereinander verstarben, marschierte er mit der Familie und der Verwandtschaft hinter dem Sarg zum Friedhof. Er gehörte einfach dazu.

Und jetzt befand er sich selbst bereits seit etlichen Jahren im Austrag, half immer noch bei der Stallarbeit, dengelte die Sensen wie kein anderer, beaufsichtigte die Kleinen, wenn niemand sonst für sie Zeit hatte, und saß zu Mittag wie eh und je mit am Tisch. Er war nach wie vor eine große Stütze am Hof, und so waren alle verwundert, als man ihn eines Tages beim Frühstück vermisste. Als Christoph P., der Bauer, der jetzt den Hof führte, nach ihm sah, fand er ihn in seiner Kammer. Bislang erfreute sich der alte Knecht stets guter Gesundheit. Manchmal zwickte es schon da und dort, ja, aber das war nun mal dem Alter geschuldet. Er klagte eigentlich nie. Und nun lag er in seinem Bett, bleich, mit eingefallenen Wangen. Man sah deutlich, dass es ihm schlecht ging. Christoph P. wollte sogleich um einen Arzt schicken, aber Lenz meinte zu verspüren, dass es mit ihm zu Ende ginge. Er bat nicht nur inständig darum,

*Knechtkammer (um 1870)*

den Pfarrer zu holen, sondern auch um größtmögliche Eile, ansonsten müsse er „drüben für alles fürchterlich büßen".

Der Bauer spürte, dass er Lenzens Wunsch schnellstens nachkommen musste. Zu eindringlich war dessen Wunsch vorgetragen worden. Er verließ eilends die Austragskammer, sagte seiner Frau Bescheid und telefonierte mit dem Geistlichen im nahen Pfarrdorf. Der machte sich auch sofort auf den Weg, aber als er auf dem Hof der Familie P. ankam, war Lenz bereits verstorben. Die Bäuerin, die bis dahin bei Lenz war, erzählte, dass ihr Knecht fürchterliche Anfälle bekommen habe, er habe geschrien und immer wieder nach dem Pfarrer gerufen, um dessen Segen, um die Abnahme der Beichte und der Letzten Ölung gebettelt. Dass es gleich zu spät sei und anderes wirres, für sie unverständliches Zeug wäre aus ihm geradezu herausgesprudelt.

Lenz war nie besonders gesprächig gewesen, eher zurückhaltend, einsilbig, wortkarg. Ein paar geheimnisvolle Besonderheiten umgaben ihn allerdings. So sprach er zum Beispiel nie über sein ehemaliges Zuhause, es gab auch keinerlei Kontakt zu seiner Familie. Solange er am Hof war, hatte er nie seine alte Heimat aufgesucht. Man schob dies auf die damaligen politischen Verhältnisse. Entsprechenden Fragen wich er beharrlich aus und lehnte jedes Gespräch über seine Vergangenheit kategorisch ab. In den entsprechenden Kreisen glaubte man zu wissen, dass Lenz als Jugendlicher regelmäßig an groß angelegten Schmuggelzügen beteiligt gewesen sei. Irgendwann wäre es dabei zu einer heftigen Auseinandersetzung mit einer böhmischen Patrouille gekommen, bei der ein Grenzbeamter erstochen worden sei. Der Verdacht, dass eventuell Lenz der Mörder gewesen war, tauchte immer wieder einmal auf, fand aber nie eine Bestätigung. So, wie er sich gab, schien ihn aber tatsächlich etwas zu bedrücken. Er blieb zeitlebens ein Einzelgänger, Zusammenkünfte, Feste und Feiern mied er jedenfalls, und in der Kirche sah man ihn auch nie. Und jetzt trug man ihn zu Grabe.

Das Austragshaus wurde nach einer grundlegenden Sanierung und Renovierung an ein junges Paar vermietet. Aber schon nach wenigen Tagen klagten die Mieter über eigenartige Erscheinungen. Im Obergeschoss gäbe es unerklärliche Geschehnisse und unheimliche Geräusche.

Nachts seien immer wieder, deutlich wahrnehmbar, Schritte auf der Treppe und dem Gang zu hören. Außerdem würde man in einem der Räume ab und an einen starken, kalten Luftzug verspüren. Und das, obwohl Fenster und Türen verschlossen wären und draußen absolute Windstille herrschte. Diese unerklärliche Luftbewegung sei mitunter so stark, dass die Flamme einer Kerze, die man zur objektiven Überprüfung dieser Erscheinung aufgestellt habe, stark flackere, ja sogar erlösche. Manchmal würden nachts plötzlich Türen mit lautem Knall ins Schloss fallen. Die Mieter führten auch an, dass sie nicht selten das Gefühl hätten, als würden sie von etwas Kaltem berührt werden. Das alles sei sehr unheimlich und sie würden um eine Untersuchung dieser unerklärlichen Begebenheiten bitten, und zwar während ihrer anstehenden Urlaubsreise.

Dies geschah auch. Christoph P. zog also mit dem Einverständnis der Mieter für eine Woche ins Austragshaus. In den ersten drei Nächten geschah nichts. In der dritten Nacht verspürte er am eigenen Leib den geschilderten deutlichen, kalten Luftzug und vermeinte ebenfalls eine kalte Berührung zu verspüren. Nach einigen Tagen Pause nahm er dieses Phänomen wieder wahr. Er fand keine vernünftige Erklärung für diese merkwürdigen Erscheinungen. Die Sache ließ sich nicht verheimlichen. Vermutungen und Gerüchte machten die Runde. Sollte vielleicht doch die Arme Seele von Lenz umgehen, keinen Frieden, keine Ruhe finden?

Kurzum, man hatte Verständnis für die anschließende Kündigung des Mietverhältnisses durch das junge Paar. Neue Mieter konnten nicht gefunden werden. Abhilfe konnte weder ein zu Rate gezogener Psychologe, noch ein Sachverständiger aus dem Kreisbauamt und auch nicht ein Kirchenvertreter schaffen. Die gespenstischen Erscheinungen traten in Abständen immer wieder auf. So entschlossen sich die Hofbesitzer, das Gebäude für andere Zwecke zu nutzen. Das Erdgeschoss wurde zu einer Werkstatt umgebaut, und die Räume im Obergeschoss nutzte man fortan als Lagerräume. Vor einigen Jahren wurde das Austragshaus abgerissen. Das eingeebnete Grundstück wurde zum Kräutergarten umfunktioniert.

## Der Tod im Hollerbusch

Bis ins erste Viertel des 20. Jahrhunderts war es in manchen Gegenden des Bayerischen Waldes üblich, Leinen selbst herzustellen. Vor allem die Bäuerinnen auf den größeren Höfen waren dahinter her, dass ausreichend Flachs angebaut wurde. Wenn dann die langen Stengel im Herbst geschnitten waren, folgte ein langwieriger und aufwändiger Arbeitsprozess, um aus dem spröden Rohmaterial webbare Fäden zu produzieren. Die Werkzeuge und Gerätschaften, die man dazu benötigte, waren fast ausnahmslos aus Holz selbst hergestellt worden. Zunächst galt es, die geschmeidigen Fasern im Innern der Stengel mit dem Brechel von der harten Schale zu trennen. Darauf zog man diese mehrfach durch das kammartige Riffeleisen, das auf einem Holzbock montiert war. Je länger, feiner und dünner die Fasern waren, umso besser eigneten sie sich für das Spinnen und umso feiner fühlte sich später auch der gewebte Stoff an. Die Flachsbüschel wurden dann locker auf einen Ständer, den so genannten „Rocken", gesteckt. Davon zog die Spinnerin die Fasern ab und drehte diese mithilfe eines Spinnrads zu Fäden zusammen. Dazu gehörte viel Übung und Geschick. Meist war dies die Arbeit der Hausfrau, der Altbäuerin oder von Mägden, die über das nötige Können verfügten und ein entsprechendes „Fingerspitzengefühl" hatten. Man war darauf bedacht, dass die Fäden möglichst fein und gleichmäßig dick waren.

Das Garn wurde zunächst entsprechend der gewünschten Stoffbreite und -länge als so genannte „Kette" in den Webstuhl eingespannt. Ein solcher stand ehemals in nahezu jedem Bauernhof. Vielfach zogen Stör-Weber, als Spezialisten auf diesem Gebiet, von Hof zu Hof, jagten geschickt das Schiffchen mit dem Garn, dem „Schuss", hin und her und fertigten die Leinenstoffe in der gewünschten Qualität. Sozusagen eine Auftragsarbeit, die vor Ort durchgeführt wurde. Freilich gab es in vielen Orten auch Weber im Nebenberuf, denen man das benötigte Garn brachte und die dann an den langen Winterabenden bei sich zuhause am Webstuhl saßen und die gewünschten Stoffbahnen fertigten.

*Spinnerinnen in der „Guten Stube" (um 1935)*

Aus den gröberen, minderwertigeren Garnen stellte man Getreide- und Kartoffelsäcke her, große Tragetücher und Arbeitskleidung. Aus den feinen, dünneren Leinenstoffen wurden dann Hemden, Schürzen, Bettbezüge und vieles andere mehr geschneidert. Damit diese edleren Stoffbahnen einen schönen Glanz bekamen und möglichst hell, fast weiß wurden, setzte man sie im Sommer über einige Zeit dem grellen Sonnenlicht aus. Dieses Bleichen geschah auf den so genannten „Bleichwiesen", meist Hanglagen, die entsprechend zu den einfallenden Sonnenstrahlen lagen. Um beim Bleichen einen möglichst hellen, annähernd weißen Farbton zu erreichen, musste das Leinen regelmäßig mit Wasser begossen werden. Und das wiederum war Aufgabe der Mägde, die am Hof beschäftigt waren. Darüber hinaus sollten diese auch das Wetter beobachten, denn wenn sich Unwetter oder längere Regenperioden ankündigten, dann lag es auch in deren Verantwortung, die gebleichten Leinenbahnen sicherheitshalber zurück auf den Hof zu tragen.

Solche Bleichwiesen gab es in erstaunlicher Anzahl beispielsweise auch in den Dörfern rund um den Markt Waldkirchen. Es war kurz vor dem Ausbruch des Ersten Weltkriegs, als ein zunächst unerklärliches, reichlich unheimliches Ereignis auf einem Bauernhof in einem dieser Ortschaften für allgemeine Erheiterung sorgte. Eine Magd hatte von der Bäuerin den Auftrag bekommen, einige bereits sehr hell gebleichte Stoffbahnen von der Bleichwiese zu holen, ehe das erkennbar schnell heranziehende Gewitter die bisherigen Mühen zunichte machen konnte. Es war in den frühen Abendstunden, als sich die junge Frau auf den Weg machte, um den wertvollen Stoff noch rechtzeitig zu bergen. Da es bereits zu dämmern begann und der Himmel eine immer bedrohlichere Färbung annahm, schickte die Hausherrin noch den älteren ihrer beiden Söhne, Franz, hinterher, um der Magd zur Hand zu gehen.

Es hatte bereits zu regnen begonnen, der Wind peitschte bereits mit Getöse durch die Bäume und die finsteren Wolken sorgten zusätzlich für entsprechende Dunkelheit. Eine bedrohliche Stimmung herrschte draußen, was die beiden Jüngsten in der Familie die Nähe von Mutter und Vater aufsuchen ließ. Da stürmte plötzlich Franz kreidebleich zur Tür herein und rief: „Der Tod sitzt in der Hollerstaudn, ich hab ihn genau gesehen, weiß ist er von oben bis unten, es ist der Tod, und gewinkt und geschrien hat er mir auch! ‚Franz komm her' hat er gerufen! Der wollte mich holen, der Tod ist da! ....". Er war kaum zu beruhigen und zitterte am ganzen Leib, wie er da tropfnass mitten in der Stube stand.

Zum besseren Verständnis der Situation muss man wissen, dass ehemals zu jedem Anwesen ein Hollerbusch gehörte. An ihm manifestierte sich so mancher Aberglaube. Um diese Gewächse rankten sich viele Spuk- und Gespenstergeschichten. Ein weit verbreiteter Volksglaube brachte solche Hollerbüsche mit dem Tod in Verbindung. Hollerstauden durften niemals umgeschnitten werden, sonst würde jemand aus der Familie im darauffolgenden Jahr das Zeitliche segnen. „In der Hollerstaudn sitzt der Tod", hieß es. Nachts machte man um Hollerstauden am besten einen weiten Bogen. Man konnte nicht wissen!

Viele solcher gespenstischen Geschichten hatte Franz an den Winterabenden von den Alten erzählen hören. Und jetzt hatte er den Tod leibhaftig selbst gesehen. Die Kleinen ließen den Rockzipfel der Mutter nicht mehr los oder verbargen sich hinter ihrem Vater, als die Tür aufgerissen wurde und eine weiße Gestalt eintrat. Gepolter, Angstschreie, Weinen. Es war aber nicht der Tod, der in die Stube getreten war, sondern die Magd. Sie hatte draußen auf der Bleiche in aller Eile die Stoffbahnen zusammengerafft und sich schleunigst auf den Rückweg gemacht, als sich plötzlich das Gewitter entlud. Sie fing mit ihrer schweren Ladung an, zu laufen, und als es zu regnen begann, flüchtete sie unter den großen Hollerbusch neben dem Fahrweg hinterm Stadel und warf sich zum Schutz vor dem Platzregen die Stoffbahnen über den Kopf. Als sie dann Franz kommen sah, rief sie ihm zu, er solle sich auch unter dem Busch in Sicherheit bringen. „Aber der", meinte sie verständnislos, „hat plötzlich angefangen, zu schreien, und ist weggerannt".

## Die bleiche Gestalt an der B8

In der ersten Hälfte des 20. Jahrhunderts ereigneten sich in unterschiedlichen zeitlichen Abständen im Bereich der ehemaligen Trasse der B8 zwischen der Stadt Passau und ihrem nahegelegenen Ortsteil Auerbach mehrere eigenartige Unfälle. Dabei trat ein relativ kurzer Abschnitt dieser Bundesstraße von wenigen hundert Metern Länge als Unfallschwerpunkt in Erscheinung. Bei dem geringen Verkehrsaufkommen, das in diesen Jahren zu verzeichnen war, gaben die doch relativ häufigen, durchaus auch schweren Unfälle nicht nur zu denken, an ihnen entzündeten sich zunehmend spekulativ mystische Erklärungsversuche. Dass da etwas nicht mit rechten Dingen zuginge, meinten manche, vielleicht sei da ein Geist, eine Arme Seele im Spiel, die keine Ruhe fände, oder ein Gespenst, irgendetwas aus einer rätselhaften Zwischenwelt. Rein rational konnte man sich die merkwürdigen Geschehnisse nicht erklären, die mehr oder weniger stets nach eigenartig ähnlichem Muster zu den Unfällen führten.

Zum besseren Verständnis dessen, was sich hier im Laufe einiger Jahrzehnte zutrug, soll eine Beschreibung der Örtlichkeit dienen, in deren unmittelbarem Umfeld diese mysteriösen Ereignisse auftraten. Die alte Trasse der B8 verlief über den im Zentrum von Passau gelegenen Ludwigsplatz, war danach deckungsgleich mit der Bahnhofstraße und verließ in westlicher Richtung in der Nähe des Bahnhofs die Stadt. Eingezwängt zwischen den Gleisanlagen im Süden und einer nördlich gelegenen Bahnlinie, die zum ehemaligen Passauer Hafen und der daran angrenzenden Donau führte, verlief die mit holprigem Kopfsteinpflaster befestigte Bundesstraße. Etwa zwei Kilometer nach der Stadtgrenze führte die Trasse über ein Brückenbauwerk, das die Straßen- und Eisenbahnzufahrt zum so genannten Winterhafen überspannte. Darauf durchlief die B8 den Ortsteil Auerbach, dessen Gebäude hier bis an den Fluss heranreichten.

Und exakt in diesem Bereich, nur über wenige hundert Meter verteilt, kam es zu diesen denkwürdigen Ereignissen. Nach den Erzählungen verschiedener alter Passauer nahmen die unheimlichen Begebenheiten gegen Ende Oktober 1937 ihren Anfang. Bei Nebel, wie er an der Donau vor allem im Herbst häufig auftritt, kam ein Fahrradfahrer aus dem nahen Heining zu Tode. Er war frontal mit einem Lastkraftwagen zusammengestoßen. Der LKW-Fahrer sagte aus, dass er trotz schlechter Sicht den Radfahrer zumindest schemenhaft am gegenüberliegenden Straßenrand wahrnahm. Aber kurz bevor sich die beiden begegneten, hätte der Radler aus für ihn nicht ersichtlichen Gründen einen Schlenker hin zur Straßenmitte gemacht. Für ihn sah diese Bewegung aus, als ob der Radfahrer einem Hindernis ausweichen wollte. Er selbst habe sofort abgebremst, konnte jedoch einen Zusammenstoß nicht mehr vermeiden, obwohl sein Fahrzeug wegen des Nebels nur eine relativ geringe Geschwindigkeit hatte. Der Radfahrer erlag seinen Verletzungen.

Unmittelbar nachdem die Presse von dem tragischen Unfall berichtet hatte, brodelte es in der Gerüchteküche. Sowohl in Passau als auch im benachbarten Auerbach erzählten mehrere Leute von merkwürdigen Begegnungen und unheimlichen Erlebnissen, von Rufen und undefinierbaren Lauten in der nächtlichen Stille, von in diesem Bereich plötzlich auftretenden kalten Luftströmungen. Einige berichteten gar von Berührungen, die sich anfühlten, als würde man von einer kalten Hand angefasst werden. Die meisten, die so etwas erlebt hatten, mieden zumindest bei Dunkelheit diesen Straßenbereich, der sich auf wenige hundert Meter konzentrierte.

Wenige Wochen vor dem Ende des Zweiten Weltkriegs kam in unmittelbarer Nähe der Stelle, an der der Radfahrer 1937 sein Leben verloren hatte, ein Militärfahrzeug bei schlechter Sicht von der Straße ab, stürzte die steile Böschung zum Hafengleis hinunter und überschlug sich dabei mehrmals. Sämtliche Insassen wurden dabei schwer verletzt. Der Kübelwagen befand sich auf der Rückfahrt von der Besichtigung der schweren Zerstörungen, die amerikanische Fliegerbomben an den Gleisanlagen des nahen Rangierbahnhofs angerichtet hatten. Sowohl der Fahrer als auch der Eisenbahner, der neben ihm saß, schilderten den Unfallhergang ganz ähnlich. Demnach tauchte völlig unvermittelt eine Person vor dem Fahrzeug auf. Dies veranlasste den Fahrer zu einem spontanen Ausweichmanöver, das mit dem Sturz über die Böschung endete. Beide konnten die Person nicht näher beschreiben, weil alles so schnell ging. Nur dass diese auffallend bleich gewesen sei, wäre ihnen in Erinnerung geblieben.

1948 kam es nur wenige Meter vor der Brücke über die Winterhafen-Zufahrt zu einem Zusammenstoß zwischen einem deutschen LKW mit Holzvergaserantrieb und einem amerikanischen Militär-Jeep. Die einsetzende Dämmerung und Nieselregen beeinträchtigten die Sicht. Für den alten, robusten Holzvergaser mit seiner massiven Stoßstange endete der Unfall vergleichsweise glimpflich, während die beiden GI`s in ihrem Fahrzeug eingeklemmt und schwer verletzt worden waren. Sie wurden von Sanitätern ihrer Einheit, die an der Innstraße in Passau stationiert war, abtransportiert und in ein Militärlazarett gebracht. Danach verliert sich ihre Spur. Rasch verbreitete sich das Gerücht, dass die beiden wahrscheinlich betrunken gewesen seien. Dem widerspricht jedoch zweifelsfrei die Aussage des LKW-Fahrers. Er hatte nämlich seiner Schilderung des Unfallhergangs nach beobachtet, dass plötzlich eine wild mit den Armen fuchtelnde Person aus der Dunkelheit auftauchte und unmittelbar vor dem Jeep auf die Straße sprang. Dies veranlasste den Fahrer zu einem riskanten Ausweichmanöver. Trotz einer Vollbremsung hätte sich der Unfall nicht mehr vermeiden lassen.

In den 1950er Jahren passierten einige weitere, mehr oder weniger schwere Unfälle auf diesem kurzen Streckenabschnitt der Bundesstraße 8. Immer wieder erstaunlich deshalb, weil sich die Straße in einem guten Zustand befand und ausgesprochen übersichtlich in gerader Linie beziehungsweise in einem sehr weiten, gut einsehbaren Bogen verlief. Beispielsweise gab ein Motorradfahrer an, dass er bei Herbstnebel einer Person ausweichen musste, die urplötzlich vor ihm auftauchte. Er kam dadurch zu Sturz und wurde dabei erheblich verletzt. Ähnliches berichtete ein LKW-Fahrer, der auf der Fahrt von Passau nach Regensburg auf schneebedeckter Fahrbahn einen folgenschweren Unfall erlitt. Er berichtete ebenfalls, dass wegen einer unvermittelt auftauchenden Person und dem darauffolgenden Ausweichmanöver der Anhänger seines Gespanns die angrenzende Böschung hinabstürzte. Der Fahrer selbst kam mit dem Schrecken davon.

Gegen Ende der 1950er Jahre stieß ein PKW bei Schneetreiben auf diesem Straßenabschnitt dermaßen heftig gegen einen Begrenzungsstein, dass der Fahrer schwer verletzt geborgen werden musste. Er war ins Rutschen gekommen, nachdem er einer seiner Schilderung nach bleich aussehenden Person ausweichen musste, die ihm plötzlich auf der Fahrbahn zu Fuß entgegenkam.

Auch Fußgänger und verschiedene andere Verkehrsteilnehmer berichteten gelegentlich, manchmal im Abstand von einigen Jahren, von ganz ähnlichen, mysteriösen Beobachtungen.

All diese Geschehnisse nährten natürlich die teils abenteuerlichen Erklärungsversuche derjenigen, die fest von der Existenz dunkler Mächte, von Gespenstern, ruhelosen Geistern und Wesen aus einer wie auch immer gearteten Zwischenwelt überzeugt waren.

Und dann wurde in den 1960-er Jahren die B8 auch in diesem Bereich ausgebaut. Die nötige Verbreiterung wurde möglich, weil das Hafengleis, das die Donau abwärts nach Passau verlief, abgebrochen und die bisherige Bahntrasse auf Straßenniveau aufgefüllt wurde. Im Zuge dieser umfangreichen Erdarbeiten stieß man in dem Bereich, in dem die genannten Beobachtungen gemacht wurden, auf ein Skelett. Die hinzugezogenen Archäologen vermuteten, dass es sich eventuell um einen Soldaten handeln könnte, der zu den napoleonischen Truppen gehörte, die zu Beginn des 19. Jahrhunderts in Passau zum Einsatz gekommen waren. Auf eine genauere zeitliche Zuordnung des Fundes wollte man sich aufgrund der weit fortgeschrittenen Zersetzung der Kleidungsstücke jedoch nicht festlegen. Schließlich wurden diese menschlichen Überreste geborgen und im Innstadtfriedhof der Stadt Passau in der Grabstelle für unbekannte Personen beigesetzt.

Hatte jetzt ein unseliger Geist, wie manche Leute behaupteten, endlich seine Ruhe gefunden? War der Bann gebrochen, hatte der Spuk jetzt ein Ende? Oder waren es die Straßenverhältnisse, die durch den Umbau der B8 eine wesentliche Verbesserung erfuhren? Alles Fragen, die bis heute nicht zufriedenstellend beantwortet werden können. Jedenfalls ist von weiteren mysteriösen Ereignissen, von schwer erklärbaren Unfällen in diesem Bereich der Bundesstraße 8 nichts mehr bekannt.

## Telepathie

Man kann wohl davon ausgehen, dass in so ziemlich allen Familien von Geschehnissen berichtet wird, die vermuten lassen, dass es vor allem zwischen Menschen, die sich sehr nahe stehen, ganz eigenartige, unerklärliche Verbindungen gibt. Und das nicht selten trotz großer räumlicher Distanz. Man spricht dann gerne von Gedankenübertragung oder Telepathie.

So wird auch in der Familie meiner Frau von einem derartigen Ereignis berichtet: Die drei noch recht jungen Brüder meiner Schwiegermutter waren, wie fast alle Männer in wehrhaftem Alter, während des Zweiten Weltkrieges eingezogen worden. Sie kämpften an ganz verschiedenen Fronten. Vor allem die beiden Älteren hatten eine enge Beziehung zu ihrer Schwester. Wenn sie während einer der seltenen Fronturlaube in die Heimat zurückkamen, dann besuchten sie Anna, die mit ihren beiden kleinen Mädchen die schwere Kriegszeit in Passau durchlebte. Sie musste, wie die allermeisten Mütter, deren Männer zum Kriegsdienst einberufen waren, alleine zurechtkommen. Immer, wenn einer der beiden Brüder zu Besuch war, widmete er sich vor allem dem älteren der beiden Mädchen, denn das war mit seinen fünf, sechs Jahren immerhin schon so verständig, dass man mit ihm allerhand Spiele machen konnte. Hans, der ältere der Brüder, gab sich immer ganz besonders intensiv mit Anneliese ab. Die beiden verstanden sich prächtig, waren ein Herz und eine Seele. Die gegenseitige Zuneigung war groß. Hans war Annelieses Lieblingsonkel. Allerdings wurden mit der Fortdauer des unsäglichen Krieges die Intervalle zwischen den Besuchen zunehmend größer. Fronturlaub gab es nur noch sehr selten. Ebenso spärlich war der Briefkontakt. Die Ungewissheit über das Schicksal der Männer, Brüder und Väter, das ständige Hoffen und Bangen war besonders bedrückend und setzte den Frauen und Müttern schwer zu. Natürlich übertrugen sich diese Sorgen und Ängste unbewusst auch auf die Kinder.

Mag sein, dass das mit eine Erklärung sein könnte für das folgende, eigenartige Geschehnis: Eines Nachts schreckte Anneliese aus tiefem Schlaf hoch, weinte und rief immer wieder: „Der Onkel Hans ist tot, Onkel Hans ist gestorben!“ Sie war lange Zeit einfach nicht mehr zu beruhigen. Nach knapp zwei Wochen überbrachte dann ein Bote die traurige Nachricht, dass Hans gefallen war. Einer seiner Kameraden, der miterlebt hatte, wie Hans beim Einschlag einer Granate ums Leben gekommen war, überbrachte etliche Monate später die wenigen persönlichen Habseligkeiten des Gefallenen und erzählte vom tragischen Ende von Annas Bruder. Fragen und Recherchen zum exakten Todeszeitpunkt ergaben dann, dass Hans tatsächlich das Leben verloren hatte, als seine Nichte scheinbar auf unerklärliche Weise den Tod des geliebten Onkels spürte.

## Der Tod des Bruders

Beim jahrelangen Zusammentragen von merkwürdigen, unerklärlichen Erlebnissen und Erscheinungen wurden mir eine ganze Reihe recht ähnlicher Geschehnisse mitgeteilt. Die äußeren Umstände und objektiven Gegebenheiten waren zwar jeweils durchaus verschieden, aber der Kern des Erlebten hatte stets mit dem Tod eines nahen Verwandten zu tun. Mit einer Person, mit der der Berichtende ganz besonders eng verbunden war.

So erzählte mir beispielsweise Josef H., dass vor geraumer Zeit sein Bruder schwer erkrankte und deshalb in eine Spezialklinik eingeliefert wurde. Sowohl die Beziehung zwischen den beiden Brüdern als auch zur Mutter waren ausgesprochen gut und innig. Am zweiten Wochenende seines Aufenthalts im Krankenhaus besuchten Josef und seine Mutter den Bruder. Dessen Zustand hatte sich deutlich erkennbar verschlechtert, sodass die beiden in großer Sorge die Heimfahrt antraten.

Drei Tage später, wie sich nachträglich herausstellte zur gleichen Zeit, kam es dann zu der unerklärlichen Begebenheit: Josef saß, seiner Schilderung nach, gerade am Schreibtisch und ging seiner Arbeit nach, als plötzlich irgendetwas mit einem lauten Krachen zu Boden fiel, unter seinen Stuhl kullerte und dort liegen blieb. Josef war sofort aufgestanden, um nachzusehen, um welchen Gegenstand es sich handelte, aber da war nichts zu sehen. Auch nach eingehendem Suchen fand sich nichts, was die deutlich vernehmbaren Geräusche hätte erklären können. Nichts. Josef war zwar verwundert, machte sich jedoch weiter keine Gedanken über das eigenartige Geschehnis. Erst als wenige Stunden später die Nachricht von der Klinik eintraf, dass der Bruder verstorben sei, und ihm dessen genauer Todeszeitpunkt mitgeteilt worden war, erkannte er, dass das laute Fallen und Kullern eines unbekannten Objektes und das Ableben seines Bruders zeitgleich erfolgt waren.

Auch die Mutter berichtete von einem ähnlichen Vorkommnis. Wie sie erzählte, vernahm sie zum Todeszeitpunkt des geliebten Sohnes ein klar vernehmbares Kratzen am Fensterbrett, so wie wenn jemand mit einer Stahlbürste über Blech reiben würde. Trotzdem sie genau nachsah, was denn die Geräusche verursacht haben könnte, war nichts zu sehen, das die Sache hätte erklären können.

Josef und seine Mutter sind nach wie vor überzeugt, dass sich der Verstorbene bei seinem Ableben bei den beiden bemerkbar machte. Besonders Josef H., der als Handwerksmeister mit beiden Beinen im Leben steht, behauptet von sich, dass er bis zu diesem Zeitpunkt nie an solche Erscheinungen geglaubt habe, aber seit diesem Erlebnis sei er fest davon überzeugt, dass es Dinge gibt zwischen Himmel und Erde, die sich mit dem normalen Menschenverstand nicht erklären lassen.

## Der Absturz der Heiligen Familie

Hätte man einen Bewohner des mehrere Jahrhunderte alten Hauses am Rande des Dorfplatzes von Egglham, einem typischen Rottaler Bauerndorf, gefragt, wie lange es schon da hing, hätte man bestimmt zur Antwort bekommen: „Immer schon“. Jedenfalls war das Bild, auf dem die Heilige Familie dargestellt war, kaum größer als eine halbe Zeitungsseite. Die Hausbewohner nahmen es eigentlich gar nicht mehr wahr, weil es ziemlich versteckt platziert war. Es hing nicht immer hier. Ursprünglich befand es sich im Herrgottswinkel der Stube. Aber in der Folge von mysteriösen Ereignissen wurde es an den schmalen Wandstreifen zwischen zwei Schränken im ersten Stock verbannt. Hier oben reihten sich die Schlafzimmer der Eltern und der Kinder aneinander.

Vielleicht fand der Farbdruck aus der zweiten Hälfte des 19. Jahrhunderts auch deswegen kaum Beachtung, weil die Szenerie, die darauf dargestellt war, mittlerweile aus der Zeit gefallen schien. Die Heilige Familie auf der Flucht nach Ägypten. Maria mit dem kleinen Jesuskind im Arm reitet auf einem Esel, der von Josef geführt wird. Alles in reichlich süßlichen Farben gehalten. Rosa, Hellblau, zartes Grün und blasses Gelb dominieren. Irgendein Vorfahre hatte es vor langer Zeit von einer Fußwallfahrt aus Altötting mitgebracht. Keiner sprach es aus, aber alle im Haus empfanden das Bild als ziemlich kitschig. Es passte so gar nicht zu den Bildern und Objekten, die sich hier oben in seiner Nachbarschaft befanden.

Aber niemand wagte es, die Entfernung der „Heiligen Familie“ anzuregen. Bei aller Aufgeklärtheit wollte schließlich niemand das Schicksal erneut herausfordern. Ein geradezu mystisches Unbehagen befiel die Hausbewohner jedes Mal, wenn der Blick zufällig in die schmale Nische fiel und das Bild streifte. Zu viele unerklärliche Begebenheiten und unheimliche Geschehnisse, die seit Generationen in der Familie weitererzählt wurden, rankten sich um das Bild.

Was war geschehen?

*Herrgottswinkel mit zwei Hinterglasbildern (um 1885)*

Als die junge Hausfrau damals, ein paar Jahre nach dem Ersten Weltkrieg, in das behäbige, breit hingelagerte Handwerkerhaus eingeheiratet hatte, befand sich die „Heilige Familie“ noch im Herrgottswinkel, rechts neben dem Kreuz. Und da hing sie dann auch bis zu dem merkwürdigen Ereignis im Spätsommer 1942.

Zum Haushalt gehörten damals neben den Eheleuten, die etliche Jahre zuvor die Sattlerei und die kleine Landwirtschaft von den mittlerweile betagten Eltern des Sattlermeisters übernommen hatten, die beiden Alten und vier Kinder zwischen elf und achtzehn Jahren. Zwei Mädchen und zwei Buben. Der Älteste von ihnen, Quirin, war mit vollem Eifer bei der HJ (Hitler-Jugend) und hielt alles für wahr, was ihnen ihr HJ-Führer, ein junger SS-Mann, erzählte und vorgaukelte. Dieser war ein fanatischer Hitler-Anhänger, aber wegen einer schweren Kriegsverletzung nicht mehr fronttauglich. Nun sollte er als Führer einer HJ-Abteilung die Buben mit den Dogmen des Nationalsozialismus vertraut machen, sie an den nahenden Frontdienst heranführen und zum „bedingungslosen Einsatz für Führer, Volk und Vaterland“ erziehen.

Bei Quirin schien ihm das tatsächlich in vollem Umfang zu gelingen. Dessen Verhalten änderte sich, zum Leidwesen seiner Eltern und Großeltern, zusehends. Geradezu fanatisch vertrat er die Ansichten, die er von seinem Vorbild, dem HJ-Anführer, vorgepredigt bekam. In Qurins Gegenwart traute sich alsbald niemand mehr, über die politischen Gegebenheiten oder gar über den Kriegsverlauf zu sprechen, wusste man doch, dass die Kinder und Jugendlichen dazu angehalten wurden, so genannte „volkszersetzende Gespräche“ allgemein, aber auch im Elternhaus, „unverzüglich“ anzuzeigen. Ein schamloses Denunziantentum machte sich allenthalben breit und machte selbst vor den Familien nicht Halt.

Quirin war auch die Triebfeder, dass nach heftigen Auseinandersetzungen sogar der Herrgottswinkel im Sattlerhaus aufgelöst wurde. Um den zu befürchtenden Schwierigkeiten und eventuellen Repressalien aus dem Weg zu gehen, wurde schließlich das Kruzifix abgenommen und in einer Kommode „zwischengelagert“. Die „Heilige Familie“ landete, sozusagen als Kompromisslösung, im ersten Stock mehr oder weniger unsichtbar zwischen den zwei Schränken.

Anfang September 1942 überbrachte der Dorfpolizist den von Quirin in seiner Verblendung heiß ersehnten Gestellungsbefehl. Endlich würde er sich an der Front für „Führer, Volk und Vaterland" einsetzen können. Er wurde zu den Fallschirmjägern einberufen und kam nach einer kurzen Ausbildungszeit in Frankreich zum Einsatz. An einem Dienstag im März 1943 geschah dann das Unerklärliche. Die drei Kinder waren zuhause geblieben, weil mittlerweile die noch verbliebenen drei Lehrer an ihrer Schule auch eingezogen worden waren. Zwei längst pensionierte Lehrerinnen, die man ersatzweise zum Unterrichten herangezogen hatte, hielten so gut es ging den Schulbetrieb am Laufen. Dienstag und Donnerstag mussten die Kinder zuhause bleiben.

Nachdem man auch seinen Gesellen zum Kriegsdienst einberufen hatte, war Sattlermeister Kallhuber vollauf damit beschäftigt, die Aufträge für das Militär und die Privatkundschaft abzuarbeiten. Seine noch recht rüstigen Eltern versorgten die beiden verbliebenen Kühe und die Hühner. Seine Frau musste den Haushalt versorgen. Die Arbeit wollte ihr gar nicht so recht von der Hand gehen. Seit Quirin aus dem Haus war, wirkte sie bedrückt. Sie machte sich Sorgen um ihren Sohn, von dem sie schon längere Zeit nichts mehr gehört hatten. Besonders um die Mittagszeit, wenn der Dorfpolizist unterwegs war, wurde sie unruhig und blickte immer wieder aus dem Fenster. Zu dessen Aufgaben gehörte es in diesen Zeiten auch, die schlimmen Nachrichten vom „ehrenhaften Heldentod" der Soldaten an die betroffenen Familien zu überbringen. Banges Warten, jeden Tag. An diesem Dienstag jedenfalls hatte er das Sattlerhaus nicht aufsuchen müssen.

Der Tag war anstrengend, man ging früh zu Bett. Im Haus kehrte Ruhe ein. Diese Stille wurde jedoch in den frühen Morgenstunden durch einen lauten Schlag jäh durchbrochen. Alle hatten sie ein heftiges Krachen gehört und traten aus den Schlafzimmern auf den Gang, von dem das Geräusch offensichtlich auszugehen schien. Schnell erkannte man den Auslöser für das Poltern. Die „Heilige Familie" war abgestürzt, das Bild war zu Boden gefallen. Wie konnte das geschehen? Was war die Ursache dafür? Weder der Rahmen noch das Bild selbst hatten bei dem Sturz Schaden genommen. Merkwürdig war auch, dass weder der Wandhaken noch die Ringschraube am Bilderrahmen Veränderungen zeigten, die das Missgeschick hätten erklären können. Die unterschiedlichsten Vermutungen wurden angestellt. Nichts davon war schlüssig. Schließlich hing es Meister Kallhuber zurück an seinen Platz, und nach einiger Zeit zog man sich wieder in die Zimmer zurück.

Lediglich die Hausfrau machte sich große Sorgen. Sie war felsenfest davon überzeugt, dass das unerklärliche Geschehnis ein Zeichen wäre. Sie befürchtete, dass Quirin etwas passiert sei. Ihre Ängste begleiteten sie auch über die nächsten Tag. Ihre Unruhe wurde täglich um die Zeit, in der üblicherweise die Nachrichten vom Tod eines Soldaten überbracht wurden, besonders spürbar. Erst nach einer Woche legte sich dies allmählich.

Am zehnten Tag nach dem ominösen Ereignis sollten sich dann jedoch die Befürchtungen der Mutter tatsächlich bestätigen. Gegen Mittag überbrachte der Dorfpolizist die traurige Meldung vom „Heldentod" Quirins. Als Fallschirmjäger war er zusammen mit seinen Kameraden in Frankreich hinter den feindlichen Linien abgesprungen und kam dabei zu Tode. Wie sich erst viel später herausstellte, hatten sich die Fallschirme der gesamten Einheit nicht geöffnet. Die Fallschirmseide war kurz vorher eingefärbt worden und die Farbe war noch nicht durchgetrocknet, als die Schirme gefaltet worden waren. Sie waren verklebt und öffneten sich nach dem Absprung aus dem Flugzeug nicht. Die Männer stürzten in den Tod.

Welches Drama sich daraufhin auch in der Familie Kallhuber abspielte, lässt sich kaum erahnen. Vor allem die Mutter erholte sich von dem tragischen Ereignis nie mehr so richtig. Immer wieder kam in der Folgezeit das Gespräch auf das mysteriöse Vorzeichen. Die „Heilige Familie" wurde kurz darauf abgehängt und verschwand in einer Truhe. Erst ein paar Jahre nach dem Krieg, das Kreuz hing längst wieder im Herrgottswinkel, fand es wieder zurück an seinen angestammten Platz rechts neben dem Gekreuzigten.

Die Familie von Sattlermeister Kallhuber war inzwischen ziemlich klein geworden. 1949 waren relativ kurz hintereinander der Altmeister und seine Frau hochbetagt verstorben. Die Kinder waren jetzt erwachsen, und Maria, die ältere der beiden Töchter, hatte 1950 einen amerikanischen Besatzungssoldaten geheiratet, mit dem sie im Jahr darauf in dessen Heimat nach Kentucky verzogen war. Sie war offensichtlich glücklich mit ihrem James, und 1952 traf in Egglham die freudige Nachricht ein, dass Maria einem Zwillingspärchen, zwei Mädchen, das Leben geschenkt hatte und dass Mutter und Kinder wohlauf wären. Die Freude darüber war groß bei den Sattlersleuten, sollte jedoch viel zu bald ein jähes Ende erfahren.

Und abermals rückt jetzt das Bild mit der Heiligen Familie ins Blickfeld. Maria schickte ihren Eltern in regelmäßigen Abständen Briefe, in denen sie von ihrer jungen Familie im fernen Amerika, vor allem von den beiden Mädchen, berichtete. Im letzten Schreiben hatte sie erwähnt, dass man demnächst eine Flugreise zu James' Großeltern nach Denver antreten werde. Sie würde zu gegebener Zeit ausführlich darüber berichten und Fotos mitschicken. Es sollte jedoch ganz anders kommen.

An einem warmen Abend im Frühherbst, das letzte Heu war im Sattleranwesen gerade heimgebracht worden, saß die Familie nach dem Abendessen noch zusammen um den Tisch. Marias Brief wurde vorgelesen und die Fotos von den Kleinen machten die Runde. Da löste sich die „Heilige Familie" abermals vom Haken und fiel mit lautem Gepolter auf die Eckbank darunter. Sofort machte sich Entsetzen breit. Die Erinnerungen an das Vorzeichen von Quirins Tod flammten jäh in den Köpfen der Familienmitglieder auf. Entsetzen, Ängste und Befürchtungen erfassten die Eltern und Geschwister. Vor allem die Mutter drängte darauf, sofort mit den „Amerikanern" zu telefonieren, ob denn alles in Ordnung sei. Das war aber nicht so einfach. Zwar verfügten Maria und James „drüben" über einen eigenen Telefonanschluss, aber im Hause Kallhuber gab es so etwas noch nicht. Wenn eine dringende Nachricht aus Amerika die Sattlerei erreichen sollte, dann telefonierte Maria mit dem Wirt in Egglham, dessen Gasthaus in unmittelbarer Nähe ihres Elternhauses lag. Der verständigte dann die Kallhubers. Galt es, „ins Amerika" eine besonders dringliche Nachricht schnellstmöglich zu übermitteln, so musste man die Telefonzelle am Dorfplatz aufsuchen. Das war jedoch nur äußerst selten der Fall, denn ein Telefongespräch nach

„drüben“ war eine kostspielige Angelegenheit. Die Münzen rauschten nur so durch. Man kam mit dem Nachwerfen kaum hinterher.

Also machte sich der Sattlermeister auf den Weg zur Telefonzelle am Dorfplatz und wählte die Nummer der Tochter. Nach einigen vergeblichen Versuchen klappte die Verbindung endlich. Maria meldete sich. Das Gespräch war sehr kurz. Der Grund des Telefonats war schnell erklärt. Zuhause hatte sich durch das bange Warten die Aufregung noch gesteigert. Erst der Bericht des Vaters über das Gespräch mit Maria löste die Spannung. Das Bild wurde wieder aufgehängt und wiederum konnte man sich den Absturz nicht erklären, waren doch abermals keinerlei Spuren zu erkennen, die man als Ursache für das Malheur hätte ausmachen können. Beruhigt ging man zu Bett.

Auch die nächsten Tage verliefen ganz normal. Das Ereignis geriet in Vergessenheit, bis an einem Abend, knapp zwei Wochen später, der Wirt angelaufen kam und den Sattlermeister ans Telefon holte. Eine Dame des deutschen Konsulats informierte ihn darüber, dass seine Tochter, ihr Mann und die beiden Mädchen den Unfall zwar überlebt hätten, jedoch zum Teil lebensgefährlich verletzt worden seien. Beim Landeanflug in Denver sei die Maschine aus geringer Höhe abgestürzt.

Daraufhin flogen die Eltern Kallhuber, so rasch es möglich war zur Tochter und blieben dort, bis Tochter, Schwiegersohn und die Kleinen übern Berg waren. Leider erlag James zwei Monate später seinen schweren Verletzungen. Maria kehrte im darauffolgenden Jahr mit den beiden Mädchen in ihre alte Heimat zurück. Wenig später verzogen die drei zu einer ledigen Tante, die in Pasing bei München ein Haus besaß. In der Sattlerfamilie galt die „ Heilige Familie“ ab jetzt als Unglücksbote. Das Bild wurde aus dem Haus verbannt. Meister Kallhuber befestigte es mit mehreren Nägeln, die er durch den Rahmen getrieben hatte, an einer Buche im kleinen Wäldchen, das zum Haus gehörte. Abstürzen konnte es jetzt nicht mehr. Wind und Wetter ausgesetzt, löste sich die „Heilige Familie“ ganz allmählich auf.

## Als der Herrgott den Kopf verlor

Auch aus dem ansehnlichen Kirchdorf im Unteren Bayerischen Wald waren bereits eine ganze Anzahl von Männern im wehrfähigen Alter zum Kriegsdienst herangezogen worden. Zumindest anfangs waren davon die Bauern, ihre Söhne und eine der Größe des Hofes entsprechende Zahl an Knechten von der Einberufung verschont geblieben. Sie waren freigestellt, weil sie dem so genannten „Reichsnährdienst" angehörten und somit nach den Vorstellungen der nationalsozialistischen Machthaber an der Heimatfront für die Versorgung der Bevölkerung mit Nahrungsmitteln zu sorgen hatten.

Allerdings musste der Schneiderbauer (Name geändert) gleich zu Beginn des unsäglichen Krieges vier von seinen sechs Pferden abgeben. Die kräftigen Kaltblüter sollten fortan als Zugtiere die schweren Geschütze an die Front transportieren. Dieser Verlust erschwerte natürlich am Hof die Feldarbeit entscheidend. Dazu kam dann im Laufe der Kriegsjahre noch eine streng kontrollierte Abgabepflicht von erheblichen Teilen der produzierten Nahrungsmittel. Ein der Größe des Hofes und der Anzahl der Tiere entsprechendes verbindlich festgelegtes Kontingent von Getreide, Milch, Butter, Fleisch, ja sogar Eiern, musste regelmäßig abgeführt werden. Trotzdem litt niemand auf den Bauernhöfen Hunger. Schließlich gab es doch allerhand Möglichkeiten, das eine oder andere vor den leidigen Schnüfflern zu verbergen, die immer wieder unangemeldet auftauchten und die Abgabepflicht überprüften.

Als der Krieg begann, waren die fünf Kinder auf dem Schneiderhof, drei Mädchen und zwei Buben, bereits aus dem Schulalter herausgewachsen und mussten bei der Arbeit auf dem Hof kräftig zulangen. Gegen Kriegsende, als jeder einigermaßen vernünftig und realistisch Denkende erkannte, dass der unablässig angekündigte Endsieg lediglich hohle Propaganda war, wurden noch die zwei Söhne des Schneiderbauern einberufen. Die Verluste an der Front waren so hoch geworden, dass jetzt auch die Söhne der Bauern zum Kriegsdienst herangezogen wurden. Gerade einmal 21 und 17 Jahre waren sie alt, als die zwei Schneiderbauerbuben ihren Gestellungsbefehl erhielten. Die Eltern sahen dies mit großer Sorge, vor allem die Mutter war schier verzweifelt.

Hans und Konrad dagegen waren geradezu stolz darauf, dass auch sie jetzt endlich „für Führer und Vaterland" ins Feld ziehen durften. Sie waren felsenfest überzeugt von der Wahrhaftigkeit der Propagandaparolen, die ständig über die Volksempfänger verbreitet wurden, und glaubten dem Geschwätz von „Treue, Volk und Vaterland". Und so blieb es nicht aus, dass sich die beiden frohgestimmt auf den Weg machten. Erst nach einigen Wochen bangen Wartens trafen die ersten Nachrichten von den beiden Söhnen am Schneiderbauerhof ein. Während Hans in Frankreich eingesetzt war, kämpfte Konrad irgendwo an der Ostfront.

Als dann schließlich der letzte am Hof verbliebene Knecht zu den Waffen gerufen worden war, mussten die drei Mädchen zusätzlich auch noch die schwere Männerarbeit verrichten. Ackern, säen, die Pferde versorgen, mähen und das Heu einbringen. Früher, als alle noch zuhause waren, ging es zu Mittag immer recht lustig zu, wenn alle um den wuchtigen Bauerntisch saßen. Jetzt war die Stimmung gedrückt, und jeder hing seinen eigenen Gedanken nach. Dem Vater, besonders aber der Mutter machte die Sorge um die beiden Söhne schwer zu schaffen. Sie hatte sich verändert, war immer stiller geworden. Obwohl sie alle fünf Kinder gleich mochte, war ihre Beziehung zu Konrad, dem zuletzt Geborenen, besonders innig. In ihren Augen war er mit seinen gerade mal 17 Jahren noch ein Kind.

So wie in den meisten Bauernhäusern war es auch auf dem Schneiderhof üblich, dass der Platz dessen leer blieb, der, aus welchen Gründen auch immer, nicht zuhause war. Nur wenn eines der Kinder heiratete oder wegzog, konnte ein anderes seinen Platz einnehmen. So blieben die Plätze von Hans und Konrad auf der Bank, die an zwei Seiten den Tisch umgab und anschließend die gesamte Stube umlief, leer. Sie lagen nebeneinander unter dem Herrgottswinkel.

Es war Ende März, als die Familie wieder einmal um den Mittagstisch saß. Aus dem Volksempfänger dröhnte markige Marschmusik, in Abständen unterbrochen von Durchhalteparolen und Propagandameldungen,

*Bauernstube mit Herrgottswinkel (Ende 19. Jahrhundert)*

denen insgeheim schon lange niemand mehr Glauben schenkte. Zumal seit ein paar Wochen immer mehr Flüchtlinge durch das Dorf zogen und um Essbares oder Unterkunft, wenigstens für eine Nacht, bettelten. Man half, so gut es ging. Die Not war groß geworden.

Am 22. März, es war ein stürmischer Tag, nachts hatte es heftig geschneit, war man am Schneiderbauernhof damit beschäftigt, mit dem Pferdeschlitten den zu großen Haufen zusammengeschaufelten Schnees aus dem Vierseithof zu transportieren. Wie jeden Vormittag blickte die Mutter immer wieder aus dem Fenster und beobachtete sorgenvoll, ob nicht gar der Dorfgendarm den Weg zum Hof einschlug. Zu den bedauerlichsten Aufgaben dieser Beamten gehörte es unter anderem, die Nachricht vom „Heldentod" eines lieben Angehörigen zu überbringen. Die Schneiderbäuerin atmete einigermaßen erleichtert auf, als der Dorfpolizist auch an diesem Tag nicht auftauchte.

Alle saßen wie jeden Tag zu Mittag um den Tisch, einschließlich dem Altknecht und der Magd, die sich früher auch besonders um die fünf Kinder zu kümmern hatte. Die beiden saßen seit einiger Zeit mit am Tisch. Die in die Jahre gekommene Magd hatte eine besonders innige Beziehung zu den fünf Kindern, eine ganz besondere „Antenne", wie sie immer sagte. Die Stimmung war eigenartig gedrückt. Die Stille wurde lediglich durchbrochen vom leisen Klappern der Löffel in den Suppentellern und plötzlich von einem lauten Aufprall. Irgendetwas musste auf die Bank gefallen sein. Alle blickten erschrocken auf und waren entsetzt, als sie sahen, dass der Gekreuzigte kein Haupt mehr hatte. Der Kopf war, begleitet von einem lauten Aufprall, auf die Bank gekracht, war weitergekullert und auf dem verwaisten Platz von Konrad liegen geblieben.

Die Schneiderbäuerin war zunächst aufgesprungen und sank dann kreidebleich mit einem „Jetzt ist der Konrad gefallen" zurück auf die Bank. Sie weinte und war nicht mehr zu beruhigen. Auch durchaus vernünftigen Erklärungen für das eigenartige Geschehnis war sie nicht zugänglich. Vor Jahren war nämlich die Gipsfigur, die auf das Holzkreuz montiert war, jemandem bei Reinigungsarbeiten aus der Hand geglitten. Dabei war der Kopf abgebrochen. Den Schaden hatte der Dorfschreiner so geschickt repariert, dass die Bruchstelle nicht mehr zu sehen war. Der Vorfall war längst in Vergessenheit geraten.

Trotz aller Beteuerungen deutete die Mutter das Abbrechen des Christuskopfes und das Liegenbleiben auf Konrads Platz als schlimmes Omen. Auch die alte Magd war von diesem Gedanken nicht mehr abzubringen. Angst und das sorgenvolle Beobachten des Nachrichten-Überbringers beherrschten in den folgenden Tagen den Schneiderbauernhof. Aber als sich nach einer guten Woche die schlimmen Befürchtungen immer noch nicht bestätigt hatten, beruhigte sich die Situation zunehmend. Nur die Mutter blieb bedrückt, schweigsam, in sich gekehrt.

Zum Entsetzen aller wurde schließlich doch die traurige Vorahnung zur Gewissheit. Konrad war zusammen mit seinen Kameraden im Rahmen des Rückzugsgeschehens bei einem Angriff russischer Truppen verwundet worden und schließlich seinen schweren Verletzungen erlegen. Der Zeitpunkt seines Todes war genau vermerkt und stimmte tatsächlich überein mit dem Absturz des Christuskopfes und dessen Liegenbleiben auf dem Platz des Verstorbenen.

## Begegnung aus dem Jenseits

Eigentlich war sie die Tante meiner Mutter, aber für die gesamte Verwandtschaft, für Jung und Alt und auch für uns Kinder, war sie die Tante Rosa. Alte Fotos in den Familienalben zeigen sie als eine ausgesprochen hübsche junge Frau. Zum Heiraten war sie allerdings nie gekommen. In der Familie wurde erzählt, dass sie einen festen Freund hatte und dass die Hochzeit bereits anberaumt war, als der junge Mann zum Kriegsdienst einberufen wurde. Er kam aus dem Ersten Weltkrieg nicht mehr zurück und galt, wie viele andere auch, als vermisst. Diesen Schicksalsschlag hatte sie scheinbar nie so recht überwunden. Offen gesprochen wurde darüber in ihrem Beisein nie.

Als gelernte Köchin trat sie bereits in jungen Jahren in die Dienste eines Pfarrherrn draußen im Rottal. Die vielseitige Arbeit einer Pfarrhaushälterin versah sie ganz offensichtlich gerne und mit Umsicht. Tante Rosa galt als ausgesprochen rührig, hilfsbereit und kontaktfreudig. Sie war durchaus beliebt und kannte so ziemlich alle Dorfbewohner persönlich, führte sie doch die Tauf-, Hochzeits- und Sterbebücher in der kleinen Pfarrei.

Als dann „ihr Herr Pfarrer", wie sie ihn zeitlebens nannte, aus Altersgründen den aktiven Seelsorgsdienst quittierte, zogen die beiden nach Passau zu Tante Rosas Schwester, die das von den Eltern geerbte große Haus am Anger alleine bewohnte. Platz war genügend vorhanden. Ab jetzt kochte sie halt für drei Personen, versorgte weiterhin „ihren Herrn Pfarrer" und kümmerte sich um den weitläufigen Garten, der sich in mehreren Terrassen den Steilhang des Oberhausberges hinaufzog. Tante Rosa hatte weiß Gott genügend zu tun, und trotzdem ging ihr das geschäftige Treiben im Dorf, das Gespräch mit den Nachbarn, gingen ihr die persönlichen Kontakte ab. Telefone waren damals noch eine Seltenheit. Im neuen Heim hatte diese technische Errungenschaft jedenfalls noch nicht Einzug gehalten, ebenso wenig wie bei ihren Bekannten draußen in der „alten Heimat". Und so verlegte sie sich aufs Briefe schreiben, um den Kontakt mit den Freunden nicht komplett zu verlieren und um über Neuigkeiten und Veränderungen informiert zu sein.

Darüber hinaus besuchte Tante Rosa den wöchentlich auf dem Passauer Domplatz abgehaltenen Wochenmarkt. Schon auch um frische Lebensmittel einzukaufen, vor allem jedoch um den einen oder anderen Bewohner des Rottaler Dorfes zu treffen. Vor allem die Kleinbauern und Häusler fuhren gelegentlich mit dem Zug nach Passau und versuchten hier, ihre Waren, Eier, Hühner, Enten, Karnickel, sogar Ferkel, zum Kauf anzubieten. Der Wochenmarkt war für Tante Rosa die ergiebigste Kontaktbörse, da kam sie meistens mit den interessantesten Neuigkeiten nach Hause.

So kam es, dass sie wieder einmal von so einem „Wochenmarkt-Erkundungszug“ nach Hause kam und „ihrem Herrn Pfarrer“ berichtete, was sich in ihrer ehemaligen Pfarrei so alles zugetragen hatte. Dabei erzählte sie von einer eigenartigen und reichlich befremdlichen Begegnung. In der stark frequentierten Straße, die zum Bahnhof führte, sah sie auf der gegenüberliegenden Straßenseite einen guten alten Bekannten. Sie rief ihm zu, der Mann blieb stehen, sie überquerte die Fahrbahn und fragte ihn nach dem Befinden von Frau und Kindern. „Denen geht's allen gut und mir geht's jetzt auch wieder gut“, antwortete dieser und verschwand ohne weitere Worte in der hektischen Menschenmenge, wie sie eigentlich immer in der Bahnhofstraße von und zu den Zügen unterwegs war. Nicht nur vom eigentümlichen Verhalten des Bekannten, von seinem abrupten Verschwinden war Tante Rosa unangenehm berührt. So hatte sie den Mann nicht in Erinnerung. Auch seine Blässe erstaunte Tante Rosa. „Er sah irgendwie krank aus“, meinte sie, als sie „ihrem Herrn Pfarrer“ von der eigenartigen Begegnung berichtete. Im Nachhinein sollte sich zeigen, dass das Berichten darüber keinen Zweifel an der Zeitstellung des Geschehnisses aufkommen ließ und sozusagen als Beweis für das Erlebte gelten kann.

Die Begegnung geriet bald schon in Vergessenheit. Bis etwa eine gute Woche darauf ein Brief eintraf aus der alten Heimat. Eine gute Bekannte hatte ihn geschickt, mit der sich Tante Rosa über die Jahre angefreundet hatte. Die beiden trafen sich gelegentlich zum Kaffee und zu einem gemütlichen Plausch. Der regelmäßige Briefkontakt hielt Tante Rosa auf dem Laufenden, was das Dorfgeschehen anbelangte. Dem Brief lagen auch, wie üblich, die Sterbebilder der zwischenzeitlich Verstorbenen bei. Und als sie diese durchsah, wurde Tante Rosa blass und musste sich setzen. Da war nämlich auch ein Sterbebild darunter von dem Bekannten, dem sie unlängst auf so mysteriöse Weise begegnet war. Und als sie sich das Gespräch in Erinnerung rief, wurde ihr bewusst, dass der Mann zu diesem Zeitpunkt bereits einige Tage zuvor verstorben war.

# Die Vorahnung

*Kurz vor Heiligabend 1945*

In den ersten Jahren nach dem Zweiten Weltkrieg litt die Bevölkerung große Not. Es mangelte an allem. Besonders in den Städten war der Hunger ein ständiger Begleiter. Lebensmittel waren knapp und das Wenige, das für die geplagten Menschen offiziell zur Ausgabe gelangte, war streng kontingentiert. Nur gegen Abgabe einer entsprechenden Anzahl von Lebensmittelmarken konnten die Hausfrauen Brot, Fett, Fleisch, Zucker und Mehl kaufen. Die geringen Mengen an Nahrungsmitteln, die jedem Familienmitglied zustanden, waren so bemessen, dass zumindest das Überleben nach dem verlorenen Krieg einigermaßen gesichert schien. Es war eine sehr entbehrungsreiche Zeit, eine Notzeit.

Dazu kamen dann noch schlimme Schicksalsschläge, die der Krieg über viele Familien gebracht hatte. Väter, Brüder, Ehemänner waren nicht mehr heimgekehrt, waren gefallen oder in Gefangenschaft geraten. Jetzt mussten die Frauen und Mütter für ihre Familien, für die Kinder und die Alten sorgen.

Ein weiteres großes Problem war die Wohnungsnot. Die vielen Heimatvertriebenen und Flüchtlinge, die in unserer Stadt gelandet waren und nach wie vor hier eintrafen, mussten untergebracht werden. Passau war wegen seiner Lage an der Grenze zu Österreich und seiner relativen Nähe zur Tschechoslowakei verständlicherweise bevorzugte Anlaufstelle für viele dieser bedauernswerten Menschen, die ihre Heimat verloren hatten. Über Jahre mangelte es an ausreichend Wohnraum. Verschärft wurde diese Situation noch dadurch, dass eine verhältnismäßig große Anzahl von Häusern im Krieg erheblich beschädigt und damit unbewohnbar oder gar vollends zerstört worden war. Auch dass die meisten Leute, die durch die Bombardierungen ihre Bleibe verloren hatten, zunächst von Verwandten oder Freunden aufgenommen wurden, schmälerte das Angebot an Wohnraum erheblich. Darüber hinaus waren zahlreiche Familien von

*Zerstörte Häuser in Passau (1945) – mit eine Ursache für die Wohnungsnot*

den Besatzern kurzerhand auf die Straße gesetzt worden, weil hier die amerikanischen Soldaten und ihre Militärverwaltung einquartiert wurden. Um die extreme Wohnraumnot einigermaßen in den Griff zu bekommen, sollten so genannte Zwangseinquartierungen das Problem lösen helfen. Darüber hinaus funktionierten die Behörden Hotels, Pensionen, Turnhallen, ja sogar Schulen fürs Erste zu Notunterkünften um.

Trotz aller Not und der Sorgen vor einer unsicheren Zukunft war in der Bevölkerung eine verhaltene Heiterkeit und anpackende Zuversicht spürbar. Man hatte zumindest den Krieg überlebt und brauchte keine Bombardements mehr zu fürchten. Das angstvolle Ausharren in den stickigen Luftschutzkellern hatte ein Ende. Außerdem zeigten sich die Amerikaner als Besatzungsmacht keineswegs so schrecklich, wie es die Nazipropaganda der verängstigten Bevölkerung kurz vor Kriegsende noch glauben machen wollte. Im Gegenteil: Die Amis fuhren an einigen Stellen in Passau täglich ihre Feldküchen auf, verteilten warmes Essen an die ausgehungerte Bevölkerung und trugen damit ganz wesentlich dazu bei, die Not zu lindern. In den Schulen wurden die heiß begehrten

Care-Pakete an die Schüler verteilt, und so mancher GI gab seine Ration an Kaugummi, Bonbons oder Schokolade an die Kinder ab. Die Angst vor den Besatzern wich schnell. Hoffnung keimte allenthalben auf. Auch die Aufräumarbeiten in den Ruinenfeldern gingen zügig voran. Verwertbares, wie Metall, Ziegelsteine und Holz, wurden geborgen und gegebenenfalls einer neuerlichen Verwendung zugeführt. Der Wiederaufbau nahm allmählich Fahrt auf.

Aber die Versorgung der Zivilbevölkerung mit Nahrungsmitteln blieb über lange Zeit ein großes Problem. Zumindest noch im zu Ende gehenden Jahr 1945 galt ein Großteil der täglichen Anstrengungen einer einigermaßen erträglichen Versorgung der Familie mit Essbarem. Hier kann der Einsatz der Frauen und Mütter nicht hoch genug geschätzt werden. Ihr Küchenwissen und ihr Erfindungsgeist ließen aus dem Wenigen immer wieder erstaunlich schmackhafte Speisen zaubern.

Der Mangel an Lebensmitteln war, trotz einer streng überwachten Abgabepflicht und häufiger Kontrollen, auf dem Land verständlicherweise weit weniger spürbar. Da ließ sich schon mal das eine oder andere abzweigen. Dramatisch dagegen war die Lage in den Städten. Von dort machten sich in ihrer Not tagtäglich Menschen zu Fuß, auf Fahrrädern oder mit dem Zug auf den Weg in die umliegenden Dörfer, um hier im Tauschhandel ein Stück Speck, etwas Butter oder einen Laib Brot zu ergattern. Und in den Städten wurden so manche Schmuckstücke oder andere Wertgegenstände auf den Schwarzmärkten gegen Fleisch, Fett oder Mehl eingetauscht. Dieser Schwarzhandel war zwar unter Androhung von hohen Strafen strikt verboten, wurde aber trotzdem über lange Zeit massenhaft betrieben. Die zuständigen Behörden drückten wohl ganz bewusst beide Augen zu und griffen kaum ein. Sie wussten um die Not und waren wohl froh, wenn die Menschen versuchten, sich selbst über die Runden zu bringen.

Glücklich konnte sich in diesen schweren Zeiten schätzen, wer über ein Stück Land verfügte, sozusagen als Basis für eine zumindest partielle Selbstversorgung. Zu diesen Glücklichen konnten wir uns auch zählen, gehörte doch zu unserer Dienstwohnung am westlichen Stadtrand von Passau ein kleiner Garten. Für Blumenbeete, Sportrasen und Ziersträucher, wie man sie heute aus den Vorgärten kennt, waren die etwa 150 Quadratmeter viel zu kostbar. Es ist unglaublich, was Vater damals aus unserem Garten herausholte. In einer ausgeklügelten Fruchtfolge gedieh hier allerhand Gemüse, konnten die verschiedensten Küchenkräuter geerntet werden, reiften zwischen Salat und gelben Rüben die Gurken, Bohnen und Radieschen. Die größte Fläche war jedoch den Kartoffeln vorbehalten. Sie wurden gehegt und gepflegt und nach der Ernte im dunklen Keller eingelagert. Mit ausreichend Kartoffeln konnte man ernährungsmäßig über den langen, harten Winter kommen. Sogar ein paar wenige Tiere wurden gehalten. In einer Ecke unserer „landwirtschaftlichen Nutzfläche" stand eine kleine Holzhütte, in der die sechs Hühner und ein Hahn die Nächte und die schneereichen Wintertage verbrachten. So hatten wir also zumindest ausreichend Eier und gelegentlich gab es Hühnersuppe.

Angebaut an die Hütte waren vier Hasenställe mit verhältnismäßig rasch wechselnder Besetzung. Zu den Stallhasen hatte ich, vor allem wenn es Junge gab, eine so innige Beziehung, dass ich gegen die Umwandlung eines meiner Lieblingstiere in einen noch so leckeren Kaninchenbraten entschieden und tränenreich protestiert hätte. Niemals hätte ich davon gegessen. Auffällig war nur, dass immer wieder mal eines der Tiere fehlte. „Entkommen" hieß es dann, „ausgebüxt, weg, spurlos verschwunden". Erst Jahre später durchschaute ich den Zusammenhang zwischen dem gelegentlichen Verschwinden eines meiner geliebten Kaninchen und einem von Mutter als Kalbsbraten deklarierten leckeren Fleischgericht.

So gesehen mussten wir keine große Not leiden. Wir kamen halt, wie viele andere auch, so einigermaßen durch. Das Essen allgemein ist mir als ausreichend, einfach und durchaus wohlschmeckend in Erinnerung geblieben. Kulinarische Höhepunkte gab es nicht. Mit einer Ausnahme: Weihnachten. Da bemühte sich jede Hausfrau und Mutter, um für ihre Lieben, trotz allen Mangels, etwas Besonderes auf den Tisch zu bringen. Viele Wochen vorher schon wurden die Lebensmittelmarken für Mehl, Zucker und Fett gehortet, um wenigstens ein paar Leckerl, ein wenig Weihnachtsgebäck, auf den ansonsten recht mageren Gabentisch stellen zu können. Und am ersten Feiertag sollte es einen Braten geben, so wie vor dem Krieg. Möglichst eine Gans.

In diesen Notzeiten eine Gans legal aufzutreiben, war ausgesprochen schwierig, schier unmöglich. Umso verwunderlicher war es, als jemand zwei Tage vor Heiligabend zu später Stunde, sicherheitshalber im Schutz der Dunkelheit, ein fest verschnürtes Paket abgab. Darin befand sich, in allerhand Papier eingewickelt, eine geschlachtete, aber noch voll befiederte Gans. Wie Vater zu dem kulinarischen Schatz gekommen war, blieb sein Geheimnis. Die Vorfreude auf den nunmehr gesicherten Gänsebraten war groß. Es würde ein wunderschönes Fest werden. Das erste Weihnachten nach dem Krieg konnte kommen.

Spätabends begann Mutter gleich noch mit den Vorbereitungen. Vor allem galt es, den großen Vogel von seinem Federkleid zu befreien. Die Gans musste gerupft werden. Und das war eine recht unangenehme, langwierige Prozedur. Damit sich die Federn einigermaßen leicht von der Haut lösen ließen, musste das Federvieh immer wieder mit kochend heißem Wasser übergossen werden. Das war nicht ungefährlich, nur zu leicht konnte man sich verbrühen. Außerdem dampfte und rauchte es dabei nicht nur gewaltig, es entstanden auch recht unangenehme Gerüche, die einem den Appetit auf den Festbraten gründlich verderben konnten. Deshalb zog sich Mutter zu dieser unangenehmen Tätigkeit in unser Badezimmer zurück. Sie saß in ihrer Hausschürze auf einem Hocker in der Badewanne, vor sich die ovale Zinkwanne mit dem heißen Wasser, in das sie die Gans immer wieder tauchte, um darauf die Federn abzuziehen. Der Gerüche wegen musste die Tür zum Bad fest geschlossen bleiben. Sie wurde nur für kurze Zeit geöffnet, wenn Vater und ich für Nachschub an kochendem Wasser sorgten. Drinnen dampfte es dermaßen, dass Mutter kaum zu erkennen war.

Die Zeit zwischen den Wasserlieferungen vertrieben wir beide uns mit allerhand Spielen. Aus dem Radio tönte leise stimmungsvolle Weihnachtsmusik, die in Abständen unterbrochen wurde von Hinweisen auf die aktuell extreme Wetterlage und diversen Ratschlägen, wie man sich angesichts der anhaltend starken Schneefälle verhalten sollte. Vor drei Tagen hatte es zu unser aller Freude begonnen, zu schneien. Der Flockenwirbel war immer dichter geworden. Ein guter halber Meter Schnee überzog mittlerweile die Landschaft, lag in den Gärten, auf den Straßen und Dächern. Es war wunderschön. Aber jetzt wurde ein Wärmeeinbruch gemeldet. Der Schnee war, begleitet von einem stürmischen Westwind, überraschend schnell in Regen übergegangen. Man sollte nach Möglichkeit zuhause bleiben, meinte die Stimme im Radio, draußen würde es zunehmend ungemütlich, ja gefährlich werden. Nasskaltes Sauwetter, leider. Dann folgte wieder weihnachtliche Musik. Das Wasser auf unserem alten Holzküchenherd brodelte leise summend vor sich hin, und Vater und ich waren in unsere Mensch-ärgere-dich-nicht-Partie vertieft, als plötzlich ein schriller Schrei aus dem Badezimmer drang. Papa war schnell aufgesprungen, um Mutter zu Hilfe zu eilen. Kein Zweifel, sie hatte sich bestimmt verbrüht. Natürlich war ich sofort hinterhergelaufen und stand jetzt an der weit offen stehenden Tür zum Bad. Ich werde den Anblick nie vergessen: Dichter Dampf erfüllt den kleinen Raum. Man kann Mutter nur schemenhaft erkennen. Angetan mit Küchenschürze und Kopftuch sitzt sie auf dem niederen Hocker in der Wanne, hält mit einer Hand die fast schon fertig gerupfte Gans und blickt uns ganz eigenartig verstört an. Sie ist bleich. Auf Vaters drängende Frage, was denn passiert sei, antwortet sie nicht sofort. Erst als sie sich wieder einigermaßen gefangen hat, sagt sie wie abwesend fest und klar zu Papa: „Der Vater ist gestorben". Und nach einigem Zögern: „Ich weiß auch nicht was mit mir los war, mir war jetzt grad so, als sei der Vater gestorben … seltsam". Als „Vater" wurde in unserer Familie Papas Vater bezeichnet, mein Großvater. Das eigenartige Erlebnis hatte Mutter sichtlich mitgenommen. Sie unterbrach ihre Arbeit und setzte sich eine Weile zu uns in die Küche. Vater versuchte, zu beruhigen. Er sah die Ursache für Mutters mysteriöses Erlebnis in der anstrengenden Arbeit, der schweißtreibenden Hitze, dem dichten Wasserdampf und dem üblen Geruch. Mutter schien sich dieser Ansicht nur schwer anschließen zu können und rupfte, sichtlich mitgenommen, unseren zukünftigen Weihnachtsbraten fertig. Die Gans wurde dann in eine Reine gesteckt und fest zugedeckt zur Kühlung ins Freie gestellt. Einen Kühlschrank hatten wir damals noch nicht.

Nachdem Mama die Spuren der „Gansrupferei" beseitigt, das Bad gründlich gesäubert und schließlich sich selbst wieder zurecht gemacht hatte, setzte sie sich zu uns. Sie wirkte immer noch eigenartig nachdenklich. Da durchbrach plötzlich ein stürmisches Läuten unten an der Haustüre die gleichermaßen beschauliche wie bedrückende Stille. Wir drei schreckten hoch. Zunächst dachte Vater an das Naheliegendste. Als Bahnmeister hatte er in bestimmten Abständen Bereitschaftsdienst. Er musste erreichbar sein, für den Fall, dass ein Geschehnis seine Anwesenheit erforderte. Das war beispielsweise immer der Fall, wenn ein Zug entgleiste oder wenn, wie an diesem Abend, starker Schneefall begann, den Zugverkehr erheblich zu gefährden. Dann musste er mit seinen Leuten ausrücken, um den Schaden zu beheben oder zumindest, so gut es ging, in den Griff zu bekommen. Er eilte also die Treppe hinunter und erwartete folglich einen Boten, der ihn zum Dienst zu so später Stunde abholen würde. Aber vor der Tür stand völlig aufgelöst Vaters jüngere Schwester Hedwig. Unter Tränen und lautem Schluchzen berichtete sie, dass Großvater verstorben sei. Da es zu dieser Zeit in einem normalen Durchschnittshaushalt kein Telefon gab, musste Hedl, wie sie in der Familie genannt wurde, den langen Fußmarsch von der Innstadt bis zu uns heraus an das Ende der Bahnhofstraße auf sich nehmen. Papa und Hedl machten sich in aller Eile auf den Weg in die Innstadt. Großvater lebte hier in seinem Haus in der Lederergasse zusammen mit seinen beiden Töchtern und meinem Cousin.

Die Häuser im alten Passauer Stadtteil jenseits des Inns sind schmal und eng aneinander gebaut. Ihre Giebel sind der Straße zugewandt. Bei Regen läuft das Wasser von den Dachflächen benachbarter Gebäude in gemeinsamen Rinnen ab. Gelegentlich kommt es hier zu Problemen, wenn sich wegen Verunreinigungen das Regenwasser aufstaut und in die Dachböden eindringt. Diese Entwässerungsrinnen müssen deshalb immer wieder freigeräumt werden von angeflogenem Laub und anderem Unrat. Um das Begehen dieses Einschnitts zwischen den Dächern zu ermöglichen, hatte Großvater einen Ausstieg gebaut, einen schmalen, überdachten Quergiebel mit einer Tür, die über zwei, drei Stufen erreichbar war. Durch diesen kleinen Holzeinbau konnte man auf die breite Blechrinne zwischen den Hausdächern treten.

Im Winter zeigten sich regelmäßig die Nachteile dieser Bauweise. Hier lagerte sich nämlich massenweise Schnee ab, wenn es einmal tüchtig schneite. Und das war in diesen Tagen vor Weihnachten 1945 der Fall. Seit Tagen hatte es, begleitet von klirrender Kälte, nicht mehr aufgehört, zu schneien. Schönstes Winterwetter. Aber einen Tag vor Heiligabend schlug das Wetter eben plötzlich um, es wurde mild. Ausgerechnet vor Heiligabend begann es, zu stürmen und heftig zu regnen. Und genau diese Wettersituation war der Auslöser dafür, dass in Großvaters Dachboden Wasser eindrang. Die Schneemassen draußen zwischen den Dächern waren im Nu durchfeuchtet, aber im Bereich der Abflussrinne noch so sehr gefroren, dass das Tauwasser nicht abfließen konnte. Es staute sich auf, drang schließlich zwischen den Dachziegeln in den Speicherraum ein und tröpfelte bald schon in die darunter liegenden Wohnräume. Als meine Tanten das bemerkten, wurden zunächst allerhand Gefäße aufgestellt, um das Schneewasser aufzufangen und größere Schäden zu verhindern. Großvater jedoch wollte natürlich möglichst rasch die Ursachen für den Wassereinbruch beseitigen und stieg trotz Sturm und peitschendem Regen, bewaffnet mit einer Schneeschaufel, durch die beschriebene schmale Tür hinaus in die Rinne zwischen den beiden Dächern.

Der schwere Schnee und die hektische Eile waren wohl zu viel für ihn. Meine Tanten fanden ihn erst nach einiger Zeit, als sie nachschauen gingen, wie denn Großvater mit dem Freischaufeln vorankam. Das Entsetzen war groß, als sie den großen, kräftigen Mann im Schnee liegen sahen und feststellen mussten, dass er nicht mehr am Leben war. Die eilends zu Hilfe gerufenen Nachbarn hatten größte Mühe, den schweren, leblosen Körper zu bergen. Der inzwischen herbeigeholte Arzt konnte letztendlich nur noch Großvaters Tod bestätigen.

Als sich die größte Aufregung in der Familie einigermaßen gelegt hatte, versuchten meine Eltern Großvaters Tod zeitlich abzugleichen mit Mutters eigenartigem Erlebnis. Es stellte sich heraus, dass sich Mamas spontane Vision zum gleichen Zeitpunkt ereignete, als Großvater starb. Rational erklären kann ich mir dieses Erlebnis bis heute nicht.

Es sollte ein schönes, friedliches, erstes Nachkriegsweihnachten werden. Es wurde unser traurigster Heiliger Abend, an den ich mich erinnern kann.

## Der Spuk

Kurze Zeit nach Großvaters Tod begannen diese eigenartigen, unerklärlichen Geschehnisse. Schauplatz war der Dachboden im Haus meiner Tanten in der Lederergasse am jenseitigen, rechten Innufer der Stadt Passau. Hier oben wurde alles aufbewahrt, was man in den Wohnungen unten nicht mehr brauchte oder halt nicht mehr haben wollte, die man jedoch aus den unterschiedlichsten Gründen auch nicht weggeben oder entsorgen wollte. Dinge, an denen Erinnerungen hingen, alte Kleidungsstücke, unmodern geworden, aber ansonsten noch durchaus brauchbar, und allerhand Mobiliar. Darunter befanden sich auch die Möbel aus Großvaters Zimmer, ein Schrank, die Kommode und das zerlegte Bett. In den Wintermonaten und an verregneten Sommertagen wurde im Speicher auch die Wäsche zum Trocknen aufgehängt. Außerdem lagerte im Dachboden immer ein ansehnlicher Vorrat an Heizmaterial. Großvater hatte das Holz, das für den Küchenherd bestimmt war, zunächst in dem kleinen Hof zwischen der Rückseite des Hauses und dem Bahndamm entlang des Innufers gespalten. Dann wurden die Scheite zum Trocknen in den Holzschuppen verfrachtet, ehe er sie die drei Stockwerke hinauf in den Dachboden schleppte. Hier wurde das Brennholz sauber aufgeschichtet und konnte ordentlich durchtrocknen, ehe es je nach Bedarf in den Herd wanderte. Über die nahezu gesamte Hauslänge zogen sich unter der Dachschräge auf einer Seite des Speichers die Holzstapel entlang.

Mein Cousin und ich hatten eine gewisse Scheu vor dem Raum. Gruselig düster war es hier oben, unheimlich. Überall gab es bedrohlich dunkle Ecken und Winkel. Durch die kleinen Fenster an den beiden unverputzten Giebelseiten drang nur spärlich Licht. Was da alles herumstand! Und jetzt, wo seit Kurzem auch noch Großvaters Möbel hier eingelagert waren, kam uns Buben der Dachboden noch unheimlicher, noch gespenstischer vor. Wir mieden den Raum und betraten ihn allenfalls in Begleitung der Erwachsenen.

Irgendwann im Januar 1946 berichteten dann Tante Maria und Tante Hedl von unerklärlichen Vorkommnissen in eben diesem Speicher. Immer wieder mal würde einer der Holzstapel umstürzen, und im gesamten Dachboden lägen dann weit verstreut Holzscheite herum. Das geschähe stets nachts, und das laute Gepolter würde sie jedes Mal erschrecken und aus dem Schlaf reißen. Anfänglich führte man diese Vorkommnisse auf ein unsachgemäßes Aufschichten zurück. Folglich sammelte man am Tag darauf die Holzscheite ein und schichtete sie wieder auf. Dieses Mal ganz bewusst mit großer Sorgfalt. Aber wenige Nächte später riss die drei abermals ein laut vernehmbares Poltern aus dem Schlaf. Tags darauf also wieder Holz aufrichten. Noch exakter, noch gewissenhafter. Aber trotzdem wiederholte sich der mittlerweile unerklärliche Vorgang. Meist lagen zwischen den eigenartigen Vorkommnissen ein paar Tage oder ein, zwei Wochen.

Ende Februar zogen dann die beiden Schwestern ihren Bruder, meinen Vater, zurate. Der vermutete ein Tier als Verursacher, eine Katze vielleicht, oder eventuell trieb ein Marder hier sein Unwesen. Also wurden zunächst sämtliche Türen und Fenster überprüft. Die waren aber allesamt fest verschlossen. Auch der Ausstieg zur Dachrinne zwischen den Hausdächern war verriegelt. Der gesamte Dachboden wurde mit Taschenlampen penibel genau abgesucht nach Öffnungen, Verstecken und Lücken im Gebälk oder in der Dacheindeckung. Selbst die kleinsten Spalten wurden sorgfältig verschlossen. Jetzt würde bestimmt Schluss sein mit dem Spuk. Dem war aber nicht so, denn schon nach einigen Tagen ging es wieder los.

Abermals war ein Teil der Brennholzstapel umgestürzt. Und wofür niemand eine plausible Erklärung fand, war die Tatsache, dass im gesamten Dachboden weit verstreut Scheite lagen. So, als hätte sie irgendjemand absichtlich herumgeworfen. Ein befreundeter Jäger wurde zurate gezogen, Fallen wurden aufgestellt. Jedoch wurde kein Tier gefangen. Und weiterhin polterte in Abständen das Brennholz durcheinander. Allen unmittelbar Beteiligten ging der seltsame Radau inzwischen gewaltig auf die Nerven.

Mittlerweile hatte sich auch in der Nachbarschaft herumgesprochen, was sich im Dachboden des Berndl-Hauses abspielte. Allerhand Gerüchte und gewagte Vermutungen machten die Runde. Manch einer glaubte gar an einen mystisch gespenstischen Hintergrund, an einen Spuk. Viele gut gemeinte Ratschläge wurden gegeben, manch recht abenteuerliche, aber auch durchaus brauchbare, die dann in die Tat umgesetzt wurden. So streuten die Geschwister eines Tages, nachdem das Brennholz zum wiederholten Mal aufgerichtet war, über den gesamten Speicherboden eine hauchdünne Schicht Sägemehl. Sollte der Übeltäter, welcher Gestalt auch immer, erneut sein Unwesen treiben, so mussten sich im feinen Sägestaub seine Spuren finden lassen. Würde der raffinierte Trick mit dem Sägemehl den Unhold tatsächlich abschrecken? Hatte der Spuk endlich ein Ende? Aber nach etwa einer Woche ging das nächtliche Spektakel von Neuem los. Vater und die mittlerweile völlig entnervten Tanten begaben sich am folgenden Tag auf Spurensuche. In der dünnen Staubschicht mussten sich zweifellos die Abdrücke des ungebetenen Eindringlings abgezeichnet haben. Die drei gingen äußerst behutsam vor, der leiseste Luftzug konnte alle Bemühungen zunichtemachen. Aber trotz aller Vorsicht und des präzisen Ausleuchtens der bemehlten Fläche konnten nirgendwo verräterische Spuren entdeckt werden. Weder von Mensch noch von Tier. Stattdessen bot sich ihnen der schon mehrfach erlebte Anblick. Wieder war der Holzstoß an einigen Stellen umgekippt, wieder lagen die Holzscheite verstreut umher.

Jetzt war man vollends ratlos. Es ließ sich einfach keine vernünftige Erklärung finden für die mysteriösen Vorkommnisse. Sollte es doch, gegen jegliche von Vernunft getragener Einsicht, hier oben tatsächlich spuken? Sollte die alte Nachbarin von nebenan doch Recht haben mit ihrer Behauptung, dass da irgendeine Arme Seele keine Ruhe fände und sich auf diese Weise bemerkbar mache? Sie meinte, das ginge bestimmt so weiter, bis ein Priester seine kirchlichen Mittel und Möglichkeiten einsetzen würde, um der Armen Seele ins Jenseits zu verhelfen. Vater und seine beiden Schwestern verwahrten sich jedes Mal entschieden gegen die immer öfter zu hörende Vermutung, dass das alles mit dem plötzlichen Ableben ihres Vaters vor wenigen Wochen zusammenhängen könnte. Besser wäre es, so meinte man in der Nachbarschaft, wenn sich die Kirche der Sache annehmen würde.

In ihrer Not wandte sich schließlich die ältere meiner Tanten an einen Priester, an einen Herrn, der dem Passauer Domkapitel angehörte (Dr. Franz Seraph Riemer), den sie aus ihrer Arbeit als Lehrerin kannte. Ihm berichtete sie von den unerklärlichen Geschehnissen und den sich daraus ergebenden Sorgen der Familie. Der hörte sich die Geschichte an und meinte, dass es da nach seiner Überzeugung schon etwas gäbe zwischen Erde und Himmel, das man mit der reinen Vernunft nicht erklären könne und dass es zumindest nicht schaden würde, wenn der betreffende Raum mit Weihwasser besprengt und mit Weihrauch ausgeräuchert würde. Er erklärte sich bereit, das von der Kirche in solchen Fällen vorgesehene religiöse Ritual der Familie zuliebe und gegebenenfalls für die Arme Seele durchzuführen. Damit entließ er Tante Maria, die das Angebot in der Familie vortrug. Nach einiger Diskussion entschlossen sich die ansonsten durchaus realistisch denkenden, skeptischen Erwachsenen dazu, das Angebot des Domherrn anzunehmen. Der kam dann auch tatsächlich nach ein paar Tagen ins Haus, besprengte den Dachboden mit Weihwasser, sprach die entsprechenden Segensgebete und schwenkte das Weihrauchfass.

Trotz aller bleibenden Zweifel und aller Vorbehalte gegenüber derlei Ritualen, muss festgestellt werden, dass von da an kein Holzstapel mehr umstürzte und keine Scheite mehr durch den Speicher polterten.

## Ein unerklärliches Erlebnis

Es war am Heiligen Abend 1952, an dem ich das bis zum heutigen Tag unerklärliche Erlebnis hatte. Ehe ich jedoch diese etwas unheimliche Begebenheit schildere, muss ich zunächst von Lumpi, meinem weißen, wuscheligen Polarspitz, berichten. Sein Wesen, seinen Charakter gilt es zu beschreiben, um sein ungewöhnliches Verhalten an jenem Heiligen Abend in der folgenden Geschichte richtig einordnen und bewerten zu können.

Also Lumpi. Er war einem kleinen, weißen Wollknäuel nicht unähnlich, als ich ihn knapp zwei Jahre vor dieser gruseligen Begebenheit von meinem Firmpaten geschenkt bekam. Bald war er mein treuester Freund und Spielkamerad. Was immer ich unternahm, Lumpi war dabei. Und da er ausgesprochen klug und gelehrig war, gelang es mir ohne größere Probleme, ihm das eine oder andere Kunststück beizubringen. So konnte ich ihm beispielsweise, begleitet von den Worten „nein, Lumpi, nein", eine Scheibe Wurst auf die spitze Schnauze legen, ohne dass er diesen Leckerbissen augenblicklich verschlang. Einerseits klarer Beweis für seinen Gehorsam und andererseits mag man daran erkennen, dass er mich als sein Herrchen akzeptierte. Dabei ließ er die Wurst nicht aus den Augen und begann folglich zu unser aller Vergnügen, gewaltig zu schielen. Wenn ich dann mit dem Befehl „Lumpi schnapp" die Aufführung beendete, schleuderte er durch eine geschickte Kopfbewegung die Wurstscheibe hoch und schnappte sie im Sprung, um sie schließlich genüsslich zu verspeisen. Dass er mich immer wieder durch Anstupsen mit der Schnauze oder Berühren mit der Pfote aufforderte, das Kunststück möglichst oft zu wiederholen, lag bestimmt nicht an den bewundernden Worten der Umstehenden, sondern an der zu erwartenden Wurst.

Lumpi hatte auch ein feines Gespür für vermeintliche Feinde. Er spürte es sehr schnell, wenn wir Buben uns wieder mal nicht einig waren, wenn laute, zornige Worte fielen oder es gar zu harmlosen Rangeleien kam. Er baute sich dann ganz nahe vor mir auf und ließ ein warnendes

Knurren hören. Für meine Kontrahenten, und das wussten diese aufgrund teilweise schmerzhafter Erfahrungen genau, war es das sichere Zeichen, dass es nun nach seinem Empfinden genug war. Die beruhigten sich dann lieber rasch, wenigstens zum Schein, oder suchten besser das Weite. Anfassen durfte mich überhaupt niemand. Da ging mein treuer Freund augenblicklich und ohne jegliche Vorwarnung zum Angriff über und kniff zu. Vornehmlich ging er meinen Gegnern an die Waden. Das Zwicken in dieselben reichte für gewöhnlich aus, dass der „Feind" von mir abließ und sich schnellstens verdrückte. Brenzlig wurde die Sache jedoch bei Spielen, die ohne körperlichen Kontakt einfach nicht funktionierten. Zum Beispiel brachte ihn das Abklatschen beim Fangenspielen regelmäßig in Rage. Den Unterschied zwischen Spiel und ernsthafter Bedrohung konnte er halt einfach nicht so richtig erfassen. Bei solchen Spielen durfte ich immer erst mitmachen, wenn ich Lumpi weggesperrt oder mit seiner Leine irgendwo angehängt hatte.

Postboten waren seine absoluten Intimfeinde. Da entfaltete sich sein Jagdinstinkt in vollem Umfang. Was für die Katze die Maus, für den Löwen die Gazelle, das war für Lumpi ein Beamter in Uniform. Vielleicht hatte er aber auch nur ein gestörtes Verhältnis zu Uniformen ganz allgemein. Ein nicht aufgearbeitetes Nachkriegstrauma? Für unsere Familie war das jedenfalls ein völlig unerklärliches Phänomen. Postboten griff er eigenartigerweise immer sofort an. Das konnte selbst ich ihm nicht abgewöhnen. Gelegentlich gab es einen Personalwechsel im Zustellbezirk. Ein neuer blau Uniformierter brachte die Post. Dieser Umstand brachte regelmäßig Unannehmlichkeiten für meine Eltern mit sich. Wenn nämlich der Neue trotz Lumpis warnendem Gebell die Briefe nicht in den deswegen vorsichtshalber außerhalb der Umzäunung angebrachten Briefkasten steckte und gar durch die Gartentür in den Sperrbezirk eindrang, folgte unweigerlich ein merkwürdig ungleicher Kampf um ein Hosenbein, aus dem fast immer der Spitz als triumphierender Sieger hervorging. Stolz stand er dann mit dem Schwanz wedelnd vor seinem Herrchen oder Frauchen und präsentierte erkennbar stolz seine Beute: ein Stück reichlich ramponierter, dunkelblauer Stoff. Dann waren zum Leidwesen meiner Eltern wieder einmal ein kleines Schmerzensgeld und eine neue „Postlerhose" fällig. Wahrscheinlich hätte er es mit seinem Hundeverstand niemals begreifen können, wenn man ihn für derlei Attacken bestraft hätte. Im Gegenteil. Er konnte es wahrscheinlich zeitlebens nicht verstehen, warum er kein Lob für die gelungene Beschützertat erhielt. In dieser Hinsicht war er aus Menschensicht einfach falsch gepolt.

Lumpi war auch ausgesprochen mutig. Er fürchtete sich vor gar nichts! Doch! Wasser hasste er. Das war ihm unheimlich. Davor fürchtete er sich wirklich. Das nasse Element war ihm ein Gräuel! Ein gelegentliches Bad in der Wanne war für ihn eine Tortur, begleitet von jämmerlichem Winseln. Und wenn ich in den heißen Sommermonaten mit meinen Freunden im seichten Uferwasser der nahen Donau herumtollte, war ihm das sichtlich unangenehm. Er begleitete unser ausgelassenes Planschen mit ärgerlichem, missbilligendem Gebell und ängstlichem Fiepen. Manchmal war das richtig lästig. Wir fühlten uns im erfrischenden Wasser durchaus sicher, denn wenn man an einem Fluss aufwächst, lernt man sehr früh, sich zumindest über Wasser halten zu können. Aber so richtig schwimmen, wie die Großen, konnten wir damals noch nicht.

Ein beliebtes Spiel, aber von den Eltern eigentlich verboten, da gefährlich, war das Herumpaddeln mit prall aufgepumpten Gummischläuchen aus alten LKW-Reifen. Das machte richtig Spaß. Dazu trieben wir am Ufer einen Pflock tief zwischen die Steine und befestigten daran eine möglichst lange, kräftige Schnur, an deren anderen Ende der aufgepumpte, riesige Reifen festgebunden wurde. Dann schleppten wir unser „Schiff" flussaufwärts, soweit die Schnur es ermöglichte, und ließen es zu Wasser. Der Strick war sozusagen der Radius und der Pflock der Mittelpunkt eines Halbkreises, um den wir uns bewegen konnten. Wie Reiter saßen wir auf dem dicken, schwarzen Schlauch. Die Füße im Wasser und mit den Händen kräftig paddelnd, versuchten wir, die gesamte Länge der etwa fünfzehn Meter messenden Leine zu nutzen, um so weit wie möglich in die träg fließende Donau hinauszugelangen, ehe uns die Strömung wieder allmählich ans Ufer zurück trieb. Und wenn dann noch Schleppkähne vorbeizogen und weite, sanfte Wellen lieferten, auf denen man so herrlich schaukeln konnte, war das für uns das Höchste. Für Lumpi dagegen war es die Hölle. Er kläffte wie verrückt, führte die wildesten Tänze auf und flippte aus Sorge um mich schier aus. Aber ins Wasser ging er nie. Außer einem einzigen Mal.

Wir waren mit unserem Reifen wieder einmal rausgepaddelt, soweit es das Seil zuließ, denn weiter draußen lockten mächtige Wellen eines ungarischen Raddampfers. Wahrscheinlich durch den dabei entstehenden kräftigen Zug am Strick hatte der sichernde Pflock den Halt verloren, war, von uns unbemerkt, aus der Verankerung gerutscht und schwamm nun mit hinaus in den Fluss. Bis wir die Gefahr erkannten, waren wir bereits ziemlich weit vom Ufer entfernt und trieben hilflos im Fluss. Lumpi hatte das Verhängnis offensichtlich ebenfalls erkannt und lief laut bellend parallel zu uns in Höhe des Pflockes flussabwärts. Und dann geschah das Unglaubliche: Mit einem kühnen Satz sprang er in die Donau und schwamm! Lumpi schwamm! Er hielt auf den Pflock zu, den er nach einigen Versuchen tatsächlich mit den Zähnen zu fassen bekam. Dann machte er kehrt und schwamm Richtung Ufer, trotz des Holzes im Maul aufgeregt winselnd. Längst hatten wir natürlich versucht, durch lautes Rufen auf uns aufmerksam zu machen. Zum Glück waren zwei Bedienstete der nahen Bahnmeisterei durch Lumpis unablässiges Bellen auf unsere missliche Lage aufmerksam geworden, erkannten die drohende Gefahr, liefen runter zur Donau und zogen uns schließlich aus dem Wasser. Mein tapferer Hund hatte vor uns aus eigener Kraft das rettende Ufer erreicht, sprang an mir hoch und führte wahre Freudentänze auf.

Diese Anekdote sollte, wie eingangs erwähnt, den Charakter meines Lumpi verdeutlichen, um das unheimliche Erlebnis am Heiligen Abend jenes Jahres besser einschätzen zu können. Es geschah also an diesem unvergesslichen 24. Dezember. Draußen schneite es. Die Kerzen am Baum brannten noch. Die Bescherung hatte eben stattgefunden, die wenigen Geschenke waren ausgepackt. Ich war überglücklich, denn ich hatte, sehr zum Leidwesen meiner Mutter, von Onkel Quirin ein Luftdruckgewehr mit der dazugehörigen Munition bekommen. Das war natürlich für mich das Höchste. Alle übrigen Geschenke verblassten dagegen. Mein Lieblingsonkel – im Krieg war er als Offizier an der Front gewesen – hatte mir trotz des ausdrücklichen Verbotes seiner Schwester heimlich das Zielen und Schießen mit einem Luftdruckgewehr beigebracht. Er hatte mir aber auch die gebotene Vorsicht beim Umgang mit dieser Waffe eingetrichtert. Ich ließ also an diesem Abend mein Gewehr nicht mehr aus den Händen. Vorsichtshalber hatte Mutter die Munition gleich weggesperrt. Die Eltern saßen am runden Wohnzimmertisch und unterhielten sich angeregt über einen Zeitungsartikel, den Vater gerade vorgelesen hatte. Demnach würden Einbrecher speziell am Heiligen Abend, wenn die Leute in der Christmette seien, in Wohnungen eindringen und alles rauben, was von Wert ist. Vor allem Häuser in Alleinlage wären da besonders gefährdet. Das war bei uns der Fall, denn wir lebten in einer Dienstwohnung im ersten Stock über den Büros und den Werkstätten der Bahnmeisterei. Und da arbeitete während der Festtage natürlich niemand. Die nächsten Häuser und der Bahnhof lagen gut und gerne 250 Meter weit entfernt. Es wäre demzufolge vernünftig, konnte man dem Artikel weiter entnehmen, wenn jemand aus der Familie während der Mettenzeit zuhause bliebe, um potenzielle Einbrecher abzuschrecken. Das folgende Abwägen, ob wir dieses Jahr die Christmette besuchen sollten oder lieber nicht, wurde untermalt vom Glockengeläut, das aus dem Radio ertönte. Fernsehen gab es noch nicht. Ein Sprecher kündigte in alphabetischer Reihenfolge jeweils den Dom an, von dem man darauf für kurze Zeit das Festgeläut vernahm. Wir warteten, wie jedes Jahr, auf die feierlichen Klänge der schweren Passauer Domglocken, auf das Einsetzen der mächtigen Pumerin.

Lumpi lag auf meinen Füßen. Das tat er, schlau wie er war, immer, wenn er müde wurde und befürchtete, einzuschlafen. Ich konnte also nicht aufstehen, ohne ihn zugleich zu wecken. Und das war seine Absicht. Er wollte einfach nichts verpassen. Wenn ich also die Füße bewegte, wurde er wach und blickte mich dann mit seinen treuen, dunklen Augen unternehmungslustig an. Als das Unerklärliche geschah, schlief Lumpi ganz fest. Das Radio war nach dem Glockenläuten abgeschaltet worden, Mutter löschte gerade die Kerzen am Baum. Es war völlig ruhig im Wohnzimmer. Und da geschah es dann: In diese beschauliche, feierliche Stille drang das klar vernehmbare, durch Schritte ausgelöste Knarren draußen am Gang. Vierzehn deutliche Schritte. So als ginge jemand langsam und bedächtig über unseren langen Gang bis zur geschlossenen

Tür zum Wohnzimmer und bliebe auf deren breiter Schwelle stehen. Alle hatten wir die Schritte vernommen und waren starr vor Schreck. Wahrscheinlich hatten wir drei denselben Gedanken: Wie es die Zeitung beschrieben hatte, würde jetzt gleich ein Verbrecher die Tür aufstoßen, uns bedrohen und berauben. Vater hatte sich am schnellsten wieder gefasst, sprang auf, riss mir das Gewehr aus der Hand, griff es mit beiden Händen am Lauf, schwang es wie einen Knüppel über dem Kopf und eilte hinter die Tür. Wenn jetzt der Einbrecher zur Tür hereinkam, würde er ihm wohl eins überziehen. Mutter hatte mich inzwischen schützend an sich gezogen. Und Lumpi? Seine Reaktion war absolut außergewöhnlich und bleibt mir bis heute rätselhaft. Das Knarren hatte er offensichtlich ebenfalls wahrgenommen. Sofort richtete er sich auf, lauschte und spitzte die Ohren. Aber anstatt wie üblich mutig und angriffslustig loszubellen, begann er ängstlich und jämmerlich zu winseln, zog den Schwanz ein, ging von mir weg und verdrückte sich in die hinterste Ecke des Wohnzimmers. Dort rollte er sich zusammen und wimmerte kläglich vor sich hin. Mein so mutiger Hund, der nichts und niemanden fürchtete, der mich stets verteidigte und sich vor mich stellte, um Gefahren von mir abzuwenden, hatte offensichtlich fürchterliche Angst. So, als hätte er etwas Schreckliches gesehen, als käme etwas ganz Schlimmes auf ihn zu. Was diese Reaktion bei ihm ausgelöst hatte, bleibt rätselhaft.

Es hörte sich also so an, als stünde der vermeintliche Bandit unmittelbar vor der Tür zum Wohnzimmer. Mein Herz klopfte bis zum Hals. Nach einigen Sekunden des Wartens, die sich wie eine Ewigkeit anfühlten, fasste Vater Mut, riss die Tür auf und hieb mit aller Kraft mit meinem Gewehr gegen den vermeintlichen Einbrecher. Der Kolben zischte durch die Luft ins Leere! Da war nichts! Wahrscheinlich hatte sich der Kerl versteckt, dachte Vater, rief meiner Mutter noch zu „Duck dich mit'm Buam untern Tisch!" und sprang auf den Gang raus, um den Eindringling zu stellen. Aber nichts geschah. Erst als er die anderen Zimmer durchsucht hatte und sicher war, dass sich niemand versteckt hielt, krochen wir beide aus unserem Versteck. Lumpi lag noch immer verstört in der Ecke und war nicht zu beruhigen. Die gesamte Wohnung wurde eingehend durchsucht, auch der riesige, unheimliche Speicher. Nichts! Nicht die geringste Spur von einem Räuber! Rätselhaft! Hatten wir uns geirrt, hatte uns eine Sinnestäuschung genarrt? Mehrfach sprachen wir das Erlebte durch, jeder schilderte das Ereignis nach seinem subjektiven Empfinden. Die objektiven Feststellungen deckten sich exakt. Dass wir uns nicht getäuscht hatten, zeigte vor allem das ungewöhnliche Verhalten von Lumpi. Seine Sinne waren sicherlich schärfer als unsere. Von einem zufälligen Knarren ließ der sich nicht in die Irre führen. Lumpi blieb übrigens den gesamten Abend so verstört. Auch als wir gemeinsam nochmals sämtliche Räume kontrollierten, war er nicht zu bewegen, seine Deckung zu verlassen.

Bis heute ist uns dieses Geschehnis unerklärlich. Natürlich wurde von dem Erlebnis im Bekanntenkreis gesprochen, erzählten wir den Verwandten von dieser absonderlichen Begebenheit. Viele Theorien tauchten auf, die mir mit meinen zwölf Jahren mehr Furcht einflößten, als es Einbrecher tatsächlich vermocht hätten. Von Raunächten war da die Rede, von der wilden Jagd, von Verstorbenen, die keine Ruhe fänden und gelegentlich zurückkämen, von Geistern, vom Jenseits, von Fürchterlichem, das sich ankündigen würde. Lauter schreckliches Zeug in meinen Ohren.

Aber so richtig erklären kann ich mir die Sache bis heute nicht.

## Das Schuh-Orakel

Vergleichsweise länger als sonst irgendwo hat sich in den abgelegenen Gegenden des Bayerischen Waldes ein althergebrachtes, über viele Jahrhunderte gepflegtes Brauchtum erhalten, zumindest bis um die Mitte des 20. Jahrhunderts. Als dann selbst die entlegensten Winkel dieses Grenzgebirges die Segnungen einer kompletten Erschließung durch leistungsfähige Straßenverbindungen sowie durch Rundfunk, Fernsehen und die Vielfalt moderner digitaler Mediensysteme erfuhren, ging es allmählich, aber konstant und unaufhaltsam bergab mit Überlieferung, Brauchtum und dem Weitertragen der alten Geschichten. Natürlich ist es bedauerlich, wenn man feststellen muss, dass die Tradition des Weitererzählens von bemerkenswerten Geschehnissen und eigenartigen Ereignissen offensichtlich zu Ende geht, jedoch lässt sich auch dieses Rad nicht zurückdrehen.

Diese Erkenntnis soll keineswegs als „Den-alten-Zeiten-Nachtrauern" missverstanden werden, es ist schlichtweg eine Feststellung. Umso wichtiger schien es mir, die noch greifbaren, überlieferten Geschichten festzuhalten. Vor etwa fünfzig Jahren begann ich daher mit dem „Sammeln" solcher Erzählungen. Die meist damals schon recht betagten Informanten sind fast ausnahmslos nicht mehr am Leben. Viele ihrer Berichte aus vergangenen Zeiten haben sie mit ins Grab genommen, sie sind mit ihnen verschwunden. Eine dieser merkwürdigen Geschichten, die eng mit dem vielfältigen Brauchtum im Dreiländereck Bayern, Österreich, Böhmen verbunden sind, trug sich im Jahr 1923 zu.

Gerade in der eigenartig geheimnisvollen Zeit zwischen Weihnachten und Neujahr haben viele Sagen und mystische Erzählungen ihre Wurzeln. Die längsten Nächte, die kürzesten Tage, Unwetter, Stürme, Blitz, Donner und massenhaft Schnee haben die Menschen hier in diesen rauen, abgelegenen Höhenlagen immer schon dazu angeregt, derlei Wetterkapriolen auf ihre tradierte Weise zu erklären und zu deuten. So reicht beispielsweise bis in die vorchristliche Zeit die Vermutung zurück, dass der germanische Gott Donar, Wotan mit seinem Gefolge, der Wilden Jagd, nächtens über den Himmel fegt, wenn es galt, sich das Stürmen und Brausen draußen in der Natur zu erklären. Und wer sich dann zu dieser Zeit draußen aufhielt, der wurde mitgerissen und irgendwo, weitab, wieder fallen gelassen. In solchen Nächten blieb man besser zuhause. Überhaupt hielten unsere Vorfahren die Nächte zwischen Weihnachten und Heiligdreikönig für besonders gefährlich. Man bezeichnete sie als Raunächte, Losnächte, in denen die Geister los waren, in denen sich Wesen aus einer unheimlichen Zwischenwelt herumtrieben und den Menschen Schaden zufügen konnten.

Auch verschiedene Orakel-Bräuche, die in den Bauernhäusern und abgelegenen Höfen traditionell ausgeübt wurden, reichen in diesen sagenumwobenen Zeitraum zurück. So nahm man beispielsweise an, dass das Wetter, das sich an diesen zwölf Tagen zeigte, dem Wetter der kommenden zwölf Monate entsprechen würde. In die Zukunft konnte man angeblich auch beim Blei- oder Wachsgießen blicken. Wenn man heißes, flüssiges Blei oder Wachs in eine Schüssel mit kaltem Wasser schüttete, versuchte man die durch den Kälteschock erstarrten Formen zu deuten und mit zukünftigen Geschehnissen in Verbindung zu bringen.

Ein besonders makabrer Brauch, das Schuhewerfen am Silvesterabend, hat sich über lange Zeit in dieser Gegend gehalten, wurde allerdings wegen allerhand schlimmer Ereignisse offiziell untersagt und von der Kirche sogar zeitweise verboten. Dabei musste sich eine Person zunächst mit verbundenen Augen in die Mitte der großen Bauernstube begeben und etliche Male um die eigene Achse drehen. Wenn sie dann wieder zum Stehen kam, musste die Person einen eigenen Schuh mit der rechten Hand über die linke Schulter werfen. Aus der Lage des gelandeten Schuhs wurden dann Schlüsse gezogen auf die Zukunft des Werfers, der Werferin. Die Teilnahme war freiwillig. Kinder durften daran nicht teilnehmen. Das Bedenkliche an diesem Brauch war, dass viele Leute davon überzeugt waren, dass sich ihr zukünftiges Schicksal unausweichlich erfüllen würde, so wie es sich aus dem Schuhwurf erschließen ließ. Ein unerschütterlicher Glaube an das überlieferte Brauchtum, an Tradition, lässt sich davon ableiten.

Als Erste waren die Dienstboten dran. Zeigte der geworfene Schuh in den Raum, so blieb die Magd, der Knecht, auch im kommenden Jahr auf dem Hof. Zeigte der Schuh zur Tür, dann stand ein Wechsel zu Lichtmess an. Den Erzählungen nach hatte dieser Brauch einen erstaunlichen Einfluss auf die Zukunftsgestaltung vieler Dienstboten. Interessant wurde es dann, wenn die Mädchen in heiratsfähigem Alter einen ihrer Schuhe über die Schulter warfen. Die Landung des Pantoffels wurde jedes Mal mit einem großen Hallo begleitet. War dessen Lage eindeutig einer der vier Himmelsrichtungen zuzuordnen, so ließ sich zumindest ablesen, aus welcher Richtung der Hochzeiter kommen würde. Landete der Schuh irgendwo dazwischen oder zeigte gar zum Ofen, so wurde es im nächsten Jahr wieder nichts mit dem Heiraten.

Als Letzter war immer der Bauer an der Reihe. Wollte er sich nicht dem Spott der übrigen Anwesenden aussetzen, so blieb ihm nichts anderes übrig, als auch den Schuh zu werfen. Bei älteren Personen war dies jedoch eine ganz besondere Sache. Zeigte der Schuh mit seiner Spitze nämlich zur Tür, so würde das der überlieferten Auslegung nach bedeuten, dass der Werfer im Zeitraum bis zum nächsten letzten Dezembertag aus dem Leben scheiden würde. Für eine betroffene Person eine unter Umständen durchaus psychisch belastende Situation. Der Glaube an die Macht eines durch das Wurfergebnis manifestierten, unausweichlichen Schicksals muss früher in manchen Gegenden so tief verankert gewesen sein, dass es in der Folge solcher Würfe zu einer Anzahl von Selbstmorden kam. Das brachte sowohl die staatlichen Behörden als auch vor allem die Kirche dazu, diesen zweifelhaften Brauch zu untersagen beziehungsweise als „Teufelszeug" zu verbieten. Nicht alle hielten sich daran.

Auf dem Schusterhof, der nahe der österreichischen Grenze unweit des Michelbaches gelegen war, achtete man seit jeher auf die Pflege des althergebrachten Brauchtums in all seinen vielfältigen Ausformungen. So ist es weiter nicht verwunderlich, dass am Silvesterabend 1923 neben verschiedenen unterhaltsamen Spielen und Bräuchen zu später Stunde auch das ominöse Schuh-Orakel durchgeführt wurde. Freilich mit reichlich schlechtem Gewissen, hatte man doch noch die mahnenden Worte im Ohr, die der Pfarrer erst kürzlich bei seiner Predigt fand, als er insbesondere dieses verwerfliche Treiben als üble Machenschaft des Satans anprangerte. Eine schlimme Sünde sei es, das vermaledeite Schuhwerfen zum Jahresende, und kein wahrer Christenmensch dürfe es ausüben, meinte der Geistliche.

Aber als dann die Kinder zu Bett geschickt waren, die Stimmung auf dem Schusterhof hochging und die Mitternacht heranrückte, entschloss man sich, trotz der Bedenken und Vorhaltungen der Bäuerin und einiger Mägde, dazu, das Schuh-Orakel zu befragen. Die Gesellschaft war gespalten. Ein Teil wollte die Aufforderungen des Pfarrherrn erfüllt sehen und machte sich murrend und verärgert auf den Weg zu den Schlafstuben. Eine der drei Töchter, mit ihren 20 Jahren die Älteste und in heiratsfähigem Alter, sowie zwei Mägde, die ungefähr ebenso alt waren, blieben in der Stube. Zwar beschlich die jungen Frauen zunehmend ein eigenartig gruseliges Gefühl, aber schließlich obsiegte doch die Neugier. Sie wollten sich die Chance nicht entgehen lassen, etwas über den Zukünftigen, über eine eventuell bevorstehende Heirat in Erfahrung zu bringen. Um nicht als Angsthase zu gelten, war, neben einem der beiden Knechte, auch der Schusterbauer geblieben.

Die bis dahin gelöst heitere Stimmung, das Lachen und Scherzen, war in eine ungewöhnlich angespannte Stille umgeschlagen. Die drei Mädchen waren nach ihren Würfen ziemlich enttäuscht, deutete doch nichts auf eine Hochzeit im folgenden Kalenderjahr hin. Der unverhüllte Spott, der in den Kommentaren dazu aus der Runde mitschwang, löste die Anspannung zunehmend. Auch der Knecht würde dem Orakel nach am Hof bleiben. Nichts Besonderes, hatte er doch ohnedies einen Wechsel nicht im Sinn. Dramatisch jedoch endete der Wurf des Bauern. Es war schlagartig wieder bedrückend still geworden, als er die Augenbinde abnahm und sah, dass sein Schuh eindeutig in Richtung Türe zeigte. Der Schusterbauer fasste sich jedoch wieder schnell und tat das Ganze als Humbug und abergläubischen Unfug ab.

Insgeheim hatte ihn jedoch das Ergebnis des Schuh-Orakels doch nachdenklich gemacht. Was, wenn an dem uralten Brauch doch etwas dran wäre? Er behielt seine Zweifel für sich, sprach mit niemandem über seine versteckten Ängste. Jedenfalls nahm er sich vor, das kommende

Jahr über sehr vorsichtig zu sein. Er mied alle gefahrvollen Tätigkeiten. Die Erinnerung an das Orakel verblasste im Laufe der Monate, zumal sich ganz andere Sorgen darüber lagerten. Die Hyperinflation im Jahr 1923 und die damit einhergehenden verheerenden wirtschaftlichen Folgen bereiteten allgemein große Sorgen und verlangten von den Menschen den vollen Einsatz, um wenigstens einigermaßen über die Runden zu kommen. Das Geld hatte seinen Wert verloren.

So verstrich dieses turbulente Jahr mit seinen vielen Tiefpunkten, Sorgen und Nöten. Erst zu Silvester, als sich der ominöse Schuhwurf jährte, kam dem Schusterbauer dieses, doch zwischendurch immer wieder als belastend empfundene Erlebnis in Erinnerung. Er erfreute sich nach wie vor bester Gesundheit und würde diesen Tag bestimmt auch noch heil überstehen, dachte er. Aber wie sich am Neujahrstag herausstellen sollte, hatte er sich da gründlich getäuscht.

Am frühen Silvestermorgen musste sich Raymund L., der Bauer vom Schusterhof, noch nach Neureichenau auf den Weg machen. Im Auftrag seiner Frau sollte er dort ein fest verschnürtes Paket, das zwei Schock Eier, Schmalz und etliche Stücke Butter enthielt, an der dortigen Bahnstation zum Weitertransport nach München abgeben. Als Empfänger war der Bruder der Bäuerin ausgewiesen, der vor etlichen Jahren mit seiner Familie in die Landeshauptstadt verzogen war. Die Schusterbäuerin hatte diese Kostbarkeiten zusammengespart, um die Verwandtschaft in diesen schwierigen Zeiten zu unterstützen. Raymund L. brach am frühen Vormittag auf. Nachts hatte es geschneit und das Vorwärtskommen war bei leichtem Schneefall und dem Wind reichlich beschwerlich. Nach gut zwei Stunden anstrengendem Fußmarsch erreichte er den Zielort und gab, wie vereinbart, die Sachen an der Bahnstation ab. Den Zucker, das Mehl und die Gewürze, die er im Auftrag seiner Frau in Neureichenau besorgen sollte, steckte er in seinen Rucksack. Anschließend suchte er, wie üblich nach einem so weiten Marsch, noch das nahe Gasthaus auf.

Am frühen Nachmittag trat er den Heimweg an. In der Zwischenzeit hatte es heftig zu Schneien begonnen. Schneepflüge sorgten damals noch nicht für freie Straßen. Er musste sich durch den stellenweise kniehohen Schnee kämpfen. Wenn es noch schlimmer werden würde, so wollte er bei den Verwandten bleiben, deren Anwesen auf etwa halbem Weg lag. Das alles war mit seiner Frau abgesprochen. So machte sich diese auch keine Sorgen, als ihr Mann am späten Abend immer noch nicht zurückgekehrt war. Er würde wohl wegen des miserablen Wetters die Nacht bei der Verwandtschaft zubringen.

Im Vergleich zu den Vorjahren herrschte an diesem Silvesterabend auf dem Schusterhof, nicht nur wegen der dramatischen Wirtschaftslage, eine beklemmend angespannte Stille. Es wollte einfach keine Stimmung aufkommen. Und als dann das Gespräch auf das Schuhe Werfen im vergangenen Jahr kam, wuchsen bei allen insgeheim die Sorgen um den Schusterbauern erst recht an. Sollte sich das Orakel etwa gar noch im letzten Augenblick erfüllen? Das sprach zwar niemand aus, aber in den Köpfen hatte sich die Sorge um den Hausherrn eingenistet. Schließlich machten sich noch vor Mitternacht die beiden Knechte auf den Weg, um Gewissheit über den Verbleib ihres Bauern zu erlangen.

Der Schneefall hatte gegen Abend aufgehört. Die beiden Männer spannten vorsichtshalber das einzige noch verbliebene Pferd vor den Zugschlitten und kamen gut voran. Bei den Verwandten war Raymund L. nicht angekommen. Also weiter nach Neureichenau. Die Wirtsleute und der Stationsvorsteher wurden geweckt. Raymund L. blieb verschwunden. Unverrichteter Dinge kehrten die beiden Knechte nach Hause zurück. Ein Weitersuchen bei Nacht machte keinen Sinn.

Das Gerücht vom spurlosen Verschwinden des Schusterbauern hatte schnell die Runde gemacht, und wer dazu in der Lage war, beteiligte sich am Neujahrstag an der Suche. Gegen Abend fand man den Unglücklichen dann. Er lag im Michelbach. Der hinzugezogene Arzt bestätigte auf dem Totenschein, dass Raymund L. ertrunken war. Die Untersuchung ergab, dass Alkohol nicht im Spiel war. Man nahm an, dass er bei dichtem Schneegestöber vom Weg abgekommen war und in den in diesem Bereich zugeschneiten Bach gestürzt war.

Über viele Jahre erzählte man sich diese Begebenheit, und hinter vorgehaltener Hand wurde immer wieder die Vermutung weitergetragen, dass sich das Schuh-Orakel wieder einmal tatsächlich bewahrheitet habe.

# Quellen

- Informanten und Erzähler (vor allem aus dem Dreiländereck)
- Gespräche mit Nachkommen von Betroffenen, Interviews
- Recherchen, Presseberichte, Zeitungen („Waldkirchner Anzeiger“ aus den Jahren vor und nach 1900)
- Zoll- und Polizeiberichte, Einzelpersonen
- Aschka Therese und Hans, 1968
- Baumgärtner Erwin und Werner, 1953
- Hecht Hans, Oberpfalz, 2022
- Pfnür Walter, Passau, 1962
- Regner Alois, Passau, 1963
- Riedl Rosa, 1956
- Überlieferungen aus der Familie

# Bildnachweise

Rupert Berndl
Seite 2, 10, 12, 14, 15, 25, 39, 64, 66, 81, 91, 95, 100/101, 103

Freilichtmuseum Finsterau
Seite 18, 93, 105, 121, 129

Archiv der Stadt Passau
Seite 22, 42, 136

Archiv der Stadt Waldkirchen
Seite 38, 63, 109